D1663569

Die Autorin:

Kirsten Sonntag ist Diplom-Übersetzerin und freie Redakteurin. Seit einigen Jahren übersetzt, konzipiert und betreut sie redaktionell Schwangerschafts-, Baby- und Erziehungs-Ratgeber. Die ungeahnt spannenden, bereichernden und oft lustigen Erfahrungen, die sie mit ihren beiden Töchtern Tag für Tag sammelt, waren für sie der Grund, dieses Buch zu schreiben.

Für Amelie und Mareike

„Deine Kinder sind nicht deine Kinder. Sie sind die Söhne und Töchter des Verlangens des Lebens nach sich selbst. Sie kommen durch dich, aber nicht von dir. Und obwohl sie bei dir sind, gehören sie nicht dir. Du magst ihren Körper beherbergen, aber nicht ihre Seele, denn ihre Seele wohnt in dem Haus von morgen, das du nicht besuchen kannst. Nicht einmal in deinen Träumen. Du magst danach streben, so zu sein wie sie, aber versuche nicht, sie nach deinem Bild zu formen." Kahlil Gibran, Der Prophet

Kirsten Sonntag

Greifen, krabbeln, ganz schön wachsen:

Wie Sie Ihr Baby liebevoll fördern

Ratgeber & Spielbuch

■ Impressum ■

Leserservice:

Wenn Sie Fragen oder Anregungen zu diesem Buch haben, schreiben Sie uns an:
TRIAS Verlag
Postfach 301107
D-70451 Stuttgart
oder schicken Sie eine E-mail an:
trias.lektorat@thieme.de

Covergestaltung und Layout: Cyclus · Visuelle Kommunikation, Stuttgart

Lektorat und Bildredaktion: Uta Spieldiener

Bildnachweis:
Coverfoto: Bavaria, IFA: S. 8; Penaten: S 3, 10, 13,22; Baby-Walz: S. 23,24,30 unten, 111 (Bestell-Nr.: 0180/54011); alle weiteren Fotos von Heidi Velten, Leutkirch-Ausnang

Die Deutsche Bibliothek –
CIP-Einheitsaufnahme

Sonntag, Kirsten:
Greifen, krabbeln, ganz schön wachsen:
Wie Sie Ihr Baby liebevoll fördern : Ratgeber & Spielbuch / Kirsten Sonntag. – Stuttgart : TRIAS, 1999
   Spielerisch lernen ; 1

Dieses Buch wurde in neuer deutscher Rechtschreibung verfasst.

Gedruckt auf chlorfrei gebleichtem Papier

© 1999 Georg Thieme Verlag
Rüdigerstraße 14, D-70469 Stuttgart
Printed in Germany
Satz: Cyclus · Media Produktion
Druck: Westermann-Druck, Zwickau

ISBN 3-89373-766-9

1. – 3. Monat

4. – 6. Monat

7. – 9. Monat

10. – 12. Monat

Zu diesem Buch

Kinder brauchen Liebe, Vertrauen und Respekt, um zu selbstbestimmten, ausgeglichenen Persönlichkeiten heranzureifen. Wir als Eltern können ihnen diesen Weg ebnen, ihnen das Handwerkszeug für ein eigenverantwortliches Leben an die Hand geben, denn wir begleiten sie auf dieser spannenden, faszinierenden Reise: der Entwicklung vom Baby zum erwachsenen Menschen.

Kommunikation zwischen Eltern und Kind

Die Zwiesprache zwischen Eltern, insbesondere der Mutter, und dem Kind setzt schon lange vor der Geburt ein. Das Ungeborene lebt im mütterlichen Uterus keineswegs, wie lange geglaubt, in einer lautlosen, dunklen Welt, sondern nimmt durch die Bauchdecke der Mutter hindurch helles Licht vermutlich als rötlichen Schein wahr; vielleicht erkennt es die den Uterus umgebenden Organe als schwache Schatten. Auch das Gehör des Babys funktioniert bereits. Es ist von einer ständigen Klangkulisse umgeben: den Herztönen der Mutter, dem Rauschen ihres Bluts, den Geräuschen ihres Verdauungsapparats – beispielsweise vernimmt das Baby den knurrenden Magen der Mutter.

Auch Geräusche aus der „Außenwelt" dringen bis in den Mutterleib vor. Untersuchungen haben gezeigt, dass Neugeborene wenige Minuten nach der Geburt die Stimme der Mutter von anderen Stimmen unterscheiden können und selbst bestimmte Musikstücke wiedererkennen, die die Mutter während der drei letzten Schwangerschaftsmonate besonders häufig hörte. Das Baby, ein sinnliches Wesen, ist mit dem Rhythmus und der Melodie von menschlicher Sprache vertraut.

Umgekehrt nimmt die Mutter das Baby ebenfalls schon in sehr frühem Stadium wahr; manche Frauen berichten – durchaus glaubhaft – vom Wissen um die bestehende Schwangerschaft, wenn diese noch kaum begonnen hat. Sicher existiert zu diesem Zeitpunkt noch kein Embryo, wie wir ihn von den ersten Ultraschallbildern kennen, sondern zunächst einmal wenige, sich unablässig teilende Zellen, die mehr und mehr werden und als Kugel noch frei über die Oberfläche der Gebärmutter treiben.

Erst sehr viel später, etwa ab der 18. Schwangerschaftswoche, spürt die Mutter die ersten Bewegungen ihres Babys: zart und flüchtig, häufig verglichen mit dem Flügelschlag eines Schmetterlings. Schnell steigert sich die Intensität der Bewegungen: aus dem ersten Kitzeln werden Stöße und Püffe; bald bewegt sich die Bauchdecke der Mutter; man unterscheidet Purzelbäume, Drehungen, Tritte, glaubt, bei den aus dem sich rundenden Bauch heraustretenden „Beulen" Po, Knie, Ellbogen, Hand oder Fuß des Ungeborenen erkennen zu können. Durch das Ertasten des Babys durch die Bauchdecke hindurch kann man erste neckende Spiele mit dem Ungeborenen treiben – dies ist auch für den Vater eine gute Gelegenheit, schon zu einem frühen Zeitpunkt Tuchfühlung mit dem Kleinen aufzunehmen.

Schon früh beginnt die Zwiesprache zwischen Mutter und Kind

Das Neugeborene genießt den Hautkontakt mit der Mutter

Alles, was nach der Geburt an Kommunikation, an Austausch und Zwiesprache stattfindet, ist also eine Fortsetzung dessen, was längst begonnen hat.

Erster Kontakt mit der Außenwelt

In den Sekunden nach der Geburt findet der erste Blickkontakt zwischen Mutter, aber auch Vater und Kind statt. Heute weiß man, wie wichtig diese ersten „Augenblicke" sind, denn jetzt findet ein überaus wichtiger Bindungsprozess, das so genannte „Bonding" statt. Wenn schon das Ungeborene über die Fähigkeit zur sinnlichen Wahrnehmung verfügte, dann erst recht das Neugeborene: Es „schreit" in den ersten Lebensstunden förmlich nach der Aufmerksamkeit der Welt um sich herum; aus diesem Grund hat es die Natur auch so eingerichtet, dass das Baby (wie übrigens auch die Mutter) in den Stunden nach der Entbindung trotz aller durchlebter Strapazen eine ganz besondere Art der Wachheit an den Tag legt.

Ebenso instinktiv und regelrecht gierig, wie das Baby in den ersten Minuten die nahrhafte Vormilch (Kolostrum) saugt (die aber auch erst Stunden nach der Geburt einschießen kann), so hellwach will es die vielen neuen Eindrücke aufnehmen: Die Gesichter um es herum scheinen es am meisten zu interessieren. Und schon hier entspinnt sich ein faszinierendes, ein intuitives Wechselspiel: Die großen, offenen Augen des Neugeborenen, der suchende, wenngleich noch unfixierte Blick zaubern ein Lächeln auf die Gesichter aller, die ihn sehen. Der Säugling reagiert auf die leisen Worte der Mutter, die wiederum intuitiv die Bedeutung seiner Geräusche und seines Weinens versteht. Dann flaut die Wachheit langsam ab, und eine tiefe Müdigkeit überkommt das Kind. Getrost schließt es jetzt die Augen, denn der erste Drang nach Kommunikation ist gestillt, und es kann sich der Aufmerksamkeit seiner Umwelt sicher sein.

Die Art der Kommunikation zwischen Eltern und Kind prägt das Verhältnis, das sich zwischen diesen drei Menschen entwickeln und das für alle ein Leben lang wichtig sein wird. Alles, was nun an Austausch stattfindet, können Sie aktiv mitgestalten.

Was ist Entwicklung?

Erstaunt stellen viele Eltern schon sehr früh fest, wieviel Eigenes das Baby in sich trägt, mit welchem angeborenen Willen das Kind schon auf die Welt kommt – dies ist eine sehr wichtige Erkenntnis.

Die kindliche Entwicklung folgt bestimmten Schritten, die sowohl universal als auch individuell sind. Das mag im ersten Augenblick widersprüchlich klingen, lässt sich aber ganz einfach erklären: Die Stadien, die Stufen, die es zu durchlaufen gilt, sind von der Natur gesetzmäßig festgelegt, also universal, doch jedes Kind wählt den Augenblick, in dem es ein bestimmtes Stadium betritt, selbst und auf seine eigene Art, also individuell. Das Kind bestimmt das Tempo selbst, „weiß" intuitiv, in welchem Augenblick es bereit für den nächsten Schritt ist, und handelt aus eigenem Antrieb heraus. Erst wenn eine Stufe abgeschlossen ist, kann die nächste betreten werden; Entwicklung ist ein stets fortschreitendes Geschehen: immer entsteht eine höhere Funktion auf dem Fundament einer niedriger angesiedelten.

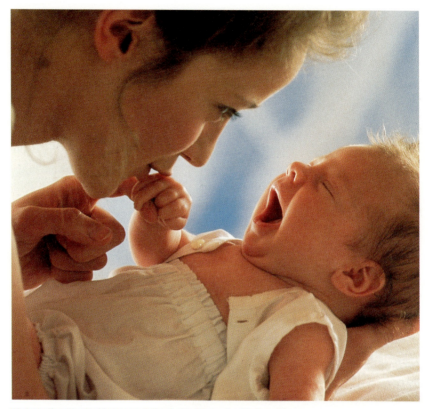

Liebevoll geht die Mutter auf die Bedürfnisse des Babys ein

Entwicklung verläuft also nach dem gleichen Grundmuster und doch in unterschiedlichem Tempo und in unterschiedlicher Ausprägung – denn Kinder sind Individuen, von Anfang an. Ebenso einmalig, wie Ihr Kind in punkto Gewicht und Größe, Aussehen und Temperament ist, wird sich, trotz aller Naturgesetzmäßigkeiten, auch seine Entwicklung vollziehen.

Die Entwicklung im 1. Lebensjahr

Das 1. Lebensjahr eines Menschen wird oft als das „entscheidende" bezeichnet, denn in keinem anderen Lebensabschnitt durchläuft der Mensch derart viele, derart rasante und prägende Fortschritte.

Körperliche, geistige und emotionale Entwicklung

Körperliche, geistige und emotionale Entwicklung stehen in engem Zusammenhang. Man kann sich diese drei Pfeiler wie Zahnräder vorstellen, die miteinander verbunden sind und sich gegenseitig antreiben. In noch größerem Maß als die Entwicklung der motorischen Fähigkeiten erfordern geistige und emotionale Entwicklungsprozesse bestimmte Voraussetzungen in der Umgebung des Kindes. Es ist unbestritten: Je mehr liebevolle Zuwendung ein Baby erhält, desto günstiger verläuft die Entwicklung. Neuere Untersuchungen haben beispielsweise einen engen Zusammenhang zwischen dem Maß an Aufmerksamkeit, das einem Baby entgegengebracht wird, und der Sprach- und Sozialentwicklung ergeben – wenngleich auch die individuelle Veranlagung des Kindes eine Rolle spielt.

Entwicklung verläuft nicht immer regelmäßig. Sie werden an Ihrem Baby regelrechte Schübe beobachten, bei denen es in kurzer Zeit viel Neues dazulernt. Solche Schübe sind, übrigens während der gesamten Kindheit, oft von Unruhe begleitet; das Baby ändert plötzlich seine Schlaf- oder Essensgewohnheiten, erscheint über Tage oder gar Wochen unruhiger, umtriebiger, häufig „quengeliger" als gewohnt. Das ist verständlich, denn es muss sich erst einmal mit den neu erworbenen Fähigkeiten vertraut machen, sie in sein Repertoire aufnehmen und gründlich üben. Ist das geschehen, kehrt langsam wieder Ruhe ein – bis zum nächsten Schub.

Die individuelle Entwicklung des Kindes respektieren

Wie Sie auf den vorangegangenen Seiten schon erfahren haben, ist die kindliche Entwicklung ein stetiges Voranschreiten, das sich nicht forcieren, vorantreiben, steuern oder beschleunigen lässt, also all das, was wir in unserem modernen Alltag so gerne und ausgiebig tun, und es ist wichtig, dass wir Erwachsenen dies begreifen und respektieren; es ist für das körperliche und geistige Wohl unserer Kinder unabdingbar, dass wir auf die „Richtigkeit" dieser Entwicklung vertrauen. Außerdem ist es für die freie Entwicklung des Kindes von entscheidender Bedeutung, dass wir als Eltern keine festzementierten Erwartungen an das Kind stellen, sondern

Die Entwicklung mit Liebe und Geduld beobachten

Da die Entwicklung des Babys kein Wettbewerb in Sachen Schnelligkeit und termingerechten Erreichens eines bestimmten Stadiums ist und sich die einzelnen Entwicklungsschritte nicht auf den Tag oder die Woche genau festmachen lassen, ist dieses Buch in größere Abschnitte, in Vierteljahresschritte, unterteilt.

uns vielmehr über jeden neuen Schritt, über jede neue Stufe in der Entwicklung freuen. Es ist wichtig für das Selbstvertrauen des Kindes, dass wir seine Entwicklung nicht werten, sondern annehmen und respektieren. Zuwendung und ein aufmerksames, liebevolles Beobachten der kindlichen Entwicklung stellen die optimale „Förderung" dar – spezielle aktive „Trainingsprogramme" sind nicht nur überflüssig, sondern der Entwicklung unter Umständen sogar abträglich. Sie setzen das Kind unter Leistungsdruck, überfordern es womöglich, ignorieren seine natürliche Entwicklung und könnten dadurch das Vertrauen des Kindes zu seinen Eltern zerstören.

Es ist von entscheidender Bedeutung – nicht nur für das Kind, sondern auch für uns als Eltern –, dass wir die Entwicklung des Kindes mit Liebe und Vertrauen begleiten und so das Band zwischen uns und dem Kind stärken, damit eine vertrauensvolle, tragfähige Partnerschaft entsteht, die ein Leben lang hält.

Genießen Sie die Entwicklung, die Ihr Baby in den ersten Monaten durchläuft; verbannen Sie in diesem Zeitraum erzieherische Hintergedanken und pädagogische Absichten, und handeln Sie intuitiv. Die spontane Freude, mit der Sie die Fortschritte Ihres Babys verfolgen, wird sich auch auf das Kind übertragen. Es nimmt Ihre Begeisterung als Ansporn auf, fühlt sich respektiert und angenommen; dieses Wechselspiel ist eine der beglückendsten Erfahrungen, die sich Eltern wünschen können.

Wozu nun dieses Buch? Und wie ist es aufgebaut?

Da Eltern gerade im 1. Lebensjahr ihres Kindes oftmals weder viel Zeit noch viel Lust zum Lesen dicker Wälzer haben, beschränkt sich dieses Bändchen auf das, was junge Mütter und Väter wirklich interessiert. Das Buch besteht aus 4 großen Kapiteln: in Vierteljahresschritten wird beschrieben, wie sich Ihr Kind im ersten, spannenden Lebensjahr verändert. Die 4 Kapitel sind analog und bewusst übersichtlich aufgebaut: In der linken, farbig unterlegten Spalte jeder Seite finden Sie die wichtigsten Informationen über die Entwicklungsschritte der entsprechenden Wochen. Diese sind in die Abschnitte „Körperliche Entwicklung" und „Geistige und emotionale Entwicklung" unterteilt. In den rechten Spalten lesen Sie, wie Sie die jeweiligen Entwicklungsschritte liebevoll begleiten und gemeinsam mit Ihrem Kind genießen können. In zahlreichen Kästen finden sich zusätzliche Informationen, Tipps, Anregungen und Wissenswertes.

Die Lebenskrisen des Kindes

Dem schwedischen Psychologen Erik Erikson zufolge muss die Persönlichkeit auf dem Weg zur Reife verschiedene „Krisen" überwinden. Wird eine Krise erfolgreich gemeistert, ist der kleine Mensch seinem Selbst ein Stück näher gekommen. Das 1. Lebensjahr steht nach Erikson ganz im Zeichen des Spannungsfeldes Vertrauen – Misstrauen. Gelingt es dem Kind, Vertrauen zu seiner Umwelt zu bilden, ist ein wichtiger Schritt in der Entwicklung dieses Kindes geschafft – der kleine Mensch blickt mit Hoffnung und Zuversicht in die Zukunft. Eine solide Basis für das Miteinander ist gelegt, und dieses sichere Fundament wirkt sich auf das gesamte spätere Leben aus.

Alarmzeichen für Entwicklungsstörungen

Eltern sollten die Entwicklung ihres Babys liebe- und vertrauensvoll beobachten und immer daran denken, dass sich Fortschritte nicht auf den Tag genau festmachen lassen. Ebenso wie jedes Kind ein eigenes Temperament hat, legt es auch in punkto Entwicklung sein individuelles Tempo an den Tag – das ist gut so und muss von uns Erwachsenen respektiert werden.

Doch gibt es auch Entwicklungsverzögerungen bzw. -störungen, die unterschiedliche Ursachen haben können. Haben Sie keine Scheu, mit Ihrem Kinderarzt über Beobachtungen und Sorgen zu sprechen. Schließlich sind Sie die wichtigste Bezugsperson Ihres Kindes, kennen es am besten. Der Kinderarzt hat indes das Fachwissen und kann beurteilen, ob sich Ihr Kind altersgemäß entwickelt. In jedem Fall gilt: Je früher Sie mit dem Kinderarzt über mögliche Entwicklungsverzögerungen oder -störungen sprechen, desto eher kann Ihrem Kind geholfen werden. Besonders deutlich werden Entwicklungsverzögerungen bzw. -störungen an den großen „Meilensteinen" der kindlichen Entwicklung:

Aufmerksames Beobachten des Babys

Neugeborenes: Das Neugeborene weist in der Rückenlage den Moro-Reflex auf – eine heftige, abrupte Streckbewegung, wenn es sich erschreckt. In der Bauchlage zeigt es den Krabbelreflex – es zieht die Beine an und streckt sie anschließend wieder, als wollte es robben. Hält man das Baby unter den Armen fest und bringt die Füße auf eine feste Unterlage, vollführt es automatisch Schrittbewegungen (Laufreflex). Die Händchen zeigen den Greifreflex; sie umschließen unwillkürlich alles, was sich ihnen bietet.

Das Baby dreht den Kopf ...

... und greift nach Gegenständen.

4. bis 6. Lebenswoche: Das Baby dreht den Kopf nach beiden Seiten und kann ihn in Bauchlage balancieren. Mit etwa 6 Wochen huscht das erste Lächeln über sein Gesicht.

4. Lebensmonat: Das Baby hebt in Bauchlage, gestützt auf die Unterarme, den Kopf bis fast 90° an und dreht ihn in alle Richtungen. Auf die Ellbogen gestützt, spielt es in der Bauchlage. Es rollt aus der Rückenlage heraus nach beiden Seiten; Kopf und Rumpf ruhen dabei auf der Unterlage; Arme und Beine hält es vor dem Körper gebeugt; dann rollt es wieder auf den Rücken. Das Kind spielt mit seinen Händen, greift nach Gegenständen und kann diese halten. Der Moro-Reflex sollte nun verschwunden sein.

Es verändert seine Position ...

... und unternimmt erste Gehversuche.

6. bis 7. Lebensmonat: Das Baby stützt sich in der Bauchlage auf die geöffneten Hände, streckt die Ellbogen vollständig durch und hebt dabei den Brustkorb von der Unterlage. Das Baby ist in der Lage, eigenständig seine Position zu verändern; es dreht sich in Bauchlage um die eigene Achse, dreht sich nun auch vom Rücken auf den Bauch und wieder zurück auf den Rücken. Das Baby kann nun recht stabil sitzen. Auf dem Rücken liegend, greift das Baby nach seinen Füßen, spielt mit ihnen, steckt sie in den Mund.

7. bis 12. Lebensmonat: Das Kind robbt, krabbelt oder kriecht, zieht sich an der Wand oder an Möbeln hoch, hangelt sich an Gegenständen entlang, steht schließlich frei und unternimmt vielleicht schon allererste eigenständige Gehversuche. Das Kind sitzt frei.

Es ist in jedem Fall wichtig, mit dem Baby alle Vorsorgeuntersuchungen wahrzunehmen; im 1. Lebensjahr sind dies U1 bis U6, anschließend drei weitere Untersuchungen bis zur Vollendung des 5. Lebensjahres.

Das 1. Vierteljahr

Die Zeit des Erwachens

Heute wissen wir, dass Babys bei der Geburt keineswegs „dumm" und „unwissend" sind – im Gegenteil: Neugeborene verfügen über ein Verhalten, mit dem sie sich die Zuwendung und Liebe der Eltern sichern – die Grundvoraussetzungen für seelisches und körperliches Wohlergehen. Uns Außenstehenden jedoch scheint es, als finde in den ersten Lebenswochen eine Art Erwachen statt – das Baby reagiert zunehmend auf seine Umwelt, öffnet sich dem Geschehen ringsherum. Der für Eltern wohl beglückendste Augenblick in diesen Wochen: das erste Lächeln.

1. – 3. Monat

Körperliche Entwicklung

Überlebenswichtige Reflexe

In den ersten Lebenswochen wird das Neugeborene zu einem großen Teil über seine Reflexe gesteuert. Überlebenswichtig ist vor allem der Saugreflex, der ihm die Nahrungsaufnahme ermöglicht, sowie der Schluckreflex, der sich im Gegensatz zu anderen „Babyreflexen" nicht nach einer bestimmten Zeit verliert. Der Greifreflex ermöglicht dem Neugeborenen das Festklammern und wird im 2. Vierteljahr vom bewussten Greifen abgelöst. Der Laufreflex (automatische Schrittbewegungen, sobald die Füßchen festen Boden unter sich spüren), der Krabbelreflex (Robb-Bewegungen in Bauchlage) und der Moro-Reflex (heftige Streckbewegung, wenn sich das Baby erschreckt) verschwinden bis spätestens zum 4. Monat, während uns der Reflex, in Bauchlage den Kopf zur Seite zu drehen, um ausatmen zu können, ein Leben lang begleitet. Auch die Sinne arbeiten auf Hochtouren, wenn das Baby „erwacht" und mehr und mehr Anteil an seiner Umwelt nimmt.

◆ *Packende Erfahrung: Ist der Greifreflex noch aktiv, kitzeln Sie mit Ihrer Fingerspitze die Handfläche des Babys – es ist immer wieder erstaunlich, mit welcher Kraft der noch so kleine, zarte Mensch zufasst! Hat sich der Greifreflex nach den ersten Lebenswochen verloren, packt das Baby bewusst zu. Geben Sie ihm nun kleinere Gegenstände mit unterschiedlichen Formen und aus unterschiedlichen Materialien – es beginnt jetzt, die Welt zu „begreifen".*

Schon das Neugeborene sichert sich die Aufmerksamkeit der Eltern

Sehen

Schon im 1. Monat nimmt das Baby Gegenstände wahr; das klappt am besten, wenn deren Entfernung etwa dem Abstand der Augen von Mutter und Baby beim Stillen entspricht. In den folgenden Monaten gelingt es dem Baby immer besser, Gesichter oder Dinge bewusst zu fixieren, sowohl in der Nähe als auch mit einem gewissen Abstand. Im 3. Monat ist das Baby bereits in der Lage, Dinge per Augenbewegung und Kopfwendung bis zu 180 Grad zu verfolgen. Allerdings sind die Augenbewegungen noch nicht gut koordiniert; oft kommt es zum babytypischen Schielen, das sich erst gegen Ende des 3. Monats verliert.

Hören

Schon im Mutterleib nimmt das Ungeborene verschiedenartigste Geräusche wahr, die es nach der Geburt sogar wiedererkennen kann (siehe auch Einführung, Seite 6). Nur wenn es für das Baby etwas zu hören gibt, kann sich sein Hörvermögen normal entwickeln. Im 1. Lebensmonat unterbricht das Baby bei Geräuschen seine Bewegung, doch erst

◆ **Sehfutter bieten:** *Vom ersten Tag an kann das Baby deutliche Formen und klare Farben erkennen. Spaß machen Mobiles, die sich sanft im Luftzug wiegen. Wichtig dabei: Nur wenige, aber dafür deutlich umrissene Teile in klaren Farben, möglichst Primärfarben. Befestigen Sie das Mobile nicht zu hoch; der ideale Abstand beträgt in den ersten 3 Monaten 30 bis 50 Zentimeter. Babys Lieblingsform: rund; die Lieblingsfarbe, die es ja bereits aus dem Mutterleib kennt: rot.*

Baby Walz

◆ **Geräusche:** *Das Baby kann schon nach wenigen Wochen Geräusche differenzieren: das Rascheln von Papier, das helle Klingeln eines Glöckchens, Musik. Vielleicht haben Sie aber schon vor der Geburt eine Spieluhr an Ihren Bauch gehalten, an deren Klang sich das Baby auch in den Wochen nach der Geburt noch erinnert. Möglicherweise verbindet es das*

1. – 3. Monat

Sinnvolles Spielzeug im 1. Vierteljahr

Formen und Farben

- Mobile mit einfachen Formen und klaren Farben, das von unten gut erkennbar sein sollte; phantasievoll und preiswert: selbst gebastelte Mobiles mit bunten Federn, Luftballons oder Faltfiguren aus Papier, die sich im Luftzug sanft wiegen

- 1 – 2 (selbst gemalte) Bilder über dem Bettchen; ebenfalls einfache, am besten runde Formen und klare Farben, bevorzugte Motive: lustige Gesichter, Blumen, Sonnen etc.
- Spieluhr
- weiches Stofftier oder -puppe
- sobald das Baby bewusst greift, also im Lauf des 3. Lebensmonats, ist es Zeit für kleine Holzspielzeuge und eine Rassel

Wichtig: Alles, was das Baby in den Mund stecken könnte, muss aus giftfrei lackiertem Holz oder Plastik hergestellt sein. Achten Sie darauf, dass sich von Babys erstem Spielzeug keine Teile lösen, die verschluckt werden könnten!

Baby Walz

Baby Walz

Baby Walz

im 2. Monat beginnt es, sich zur Geräuschquelle zu wenden. Im 3. Monat ist es in der Lage, unterschiedliche Geräusche zu unterscheiden.

Motorik und Feinmotorik

Bewegung. Schon mit etwa 4 Wochen versucht das Baby, in Bauchlage seinen Kopf zu heben. Mit 3 Monaten kann das Baby seinen Kopf aus eigener Kraft aufrecht halten bzw. „mitnehmen", wenn man es an den Händchen vorsichtig in Sitzhaltung zieht. Diese Haltung eröffnet ihm natürlich ganz neue Möglichkeiten: es wird sich interessiert umschauen, seine Umwelt „aus einem ganz neuen Blickwinkel" wahrnehmen; an diesem Beispiel wird deutlich, wie sehr geistige und körperliche Entwicklung miteinander verwoben sind. Diese so genannte freie Kopfbeweglichkeit ist eine erhebliche neurologische Leistung und stellt in Babys Entwicklung einen bedeutsamen Meilenstein dar.

Im 2. Monat zieht das Baby nicht mehr Arme und Beine an wie als Neugeborenes, sondern liegt immer öfter flach ausgestreckt. Im 3. Monat stützt sich das Baby in Bauchlage auf die Unterarme

Geräusch mit dem wohligen Gefühl im Mutterleib und beruhigt sich, wenn es aufgeregt ist. Beliebt ist bei vielen Babys auch klassische Musik. Wichtig: Bei schrillen, lauten Tönen erschreckt sich das Kleine. Immer noch das gefragteste „Geräusch" sind die Stimmen der Eltern, insbesondere die der Mutter.

◆ *Greifen und begreifen: Auch durch den Greifsinn, durch das Er- und Betasten von Gegenständen lernt das Baby seine Umwelt kennen. Spielzeuge wie Holzgreifringe und Rasseln sind nun besonders beliebt, aber auch feines Seidenpapier, das man besonders in Rückenlage nach Herzenslust knautschen kann und das außerdem noch leise knistert.*

Be-greifen: Auch mit dem Mund macht das Baby wichtige Tasterfahrungen

25

Schon im 1. Vierteljahr hebt das Baby aus eigener Kraft in Bauchlage den Kopf – und gewinnt dadurch eine ganz neue Perspektive!

und reckt neugierig das Köpfchen in die Höhe; außerdem vollführt es in Bauchlage mit den Armen Ruderbewegungen – die Vorstufe zum Krabbeln. Mit 10 bis 12 Wochen drehen sich besonders bewegungsfreudige Babys bereits vom Rücken auf den Bauch.

In der Rückenlage dreht das Baby den Kopf in den ersten Lebenswochen entweder zur linken oder zur rechten Seite; erst später ruht der Kopf in der Mitte, sodass das Gesicht nach oben gerichtet ist. Doch bereits gegen Ende des 1. Monats kann das Neugeborene im Rahmen der so genannten holo-

◆ *Beweglichkeit des Kopfes: Gegen Ende des 2. Lebensmonats sollte das Baby den Kopf nach beiden Seiten drehen können. Scheint Ihr Baby eine Lieblingsseite zu haben, können Sie es durch Geräusche einer Rassel oder Spieluhr dazu animieren, den Kopf auch einmal auf die andere Seite zu drehen.*

kinetischen Phase seinen Kopf für einen kurzen Augenblick in der Mitte halten, das Gesicht also weder nach links noch nach rechts gewandt, um so beispielsweise die Gesichter seiner Eltern zu fixieren. Die Körperbewegungen des Babys erscheinen im 1. Lebensmonat noch ausgesprochen unkoordiniert, sein Strampeln ist unwillkürlich.

Auch gegen Ende des 2. Monats ist das Baby in der Rückenlage noch instabil. Bei seinen ersten Greifversuchen bewegt es den gesamten Körper mit und kann deshalb auf dem Rücken liegend noch nicht das Gleichgewicht halten. Diese Zeit der vergeblichen Greifversuche nennt man dystone Phase.

Gegen Ende des 3. Monats bekommt das Baby ein immer größeres Gespür für seine Körpermitte. Auf dem Rücken liegt es nun gerade; Nase, Kinn, Brustbein, Nabel und Schambein bilden dabei eine Linie. Hände und Füße befinden sich oft vor dem Körper – die Händchen spielen vor dem Gesicht, während es zugleich die Knie in Richtung Bauchnabel anzieht. Die liegende Haltung in der Rückenlage ent-

◆ *Schlafen sollte das Neugeborene in den ersten Monaten immer auf der Seite, wobei ihm als „Stütze" ein zusammengerolltes Handtuch in den Rücken gelegt wird. Wichtig ist, dass Sie die Seite regelmäßig im Abstand von einigen Stunden wechseln, um einer Schiefhaltung vorzubeugen. Sowohl die Bauch- als auch die Rückenlage scheinen nach bisherigen Erkenntnissen neben einigen anderen Faktoren einen Zusammenhang mit dem Plötzlichen Kindstod aufzuweisen. Natürlich ist nichts dagegen einzuwenden, das Baby tagsüber auf seiner Krabbeldecke auch einmal kurzzeitig auf dem Rücken bzw. dem Bauch liegen zu lassen.*

◆ *Den Moro-Reflex sollte Ihr Baby gegen Ende des 3. Lebensmonats verloren haben, das heißt bei plötzlicher Licht- oder Geräuscheinwirkung nicht mehr die Arme und Beine abrupt strecken. Achten Sie außerdem darauf, dass Ihr Baby beim Spielen mit den Händen gleichzeitig die Beine gebeugt in der Luft hält.*

◆ *Babys wenden ihr Gesicht instinktiv der Lichtquelle zu. Achten Sie deshalb darauf, dass eine Lichtquelle nicht einseitig zum Bett hin scheint.*

Wie ein Fisch im Wasser – Babyschwimmen

Neun Monate lang hat sich Ihr Baby in Ihrem Bauch wohl und geborgen gefühlt – in seiner angenehm warmen „Höhle", umgeben von Wasser, das ihm ein herrliches Gefühl der Schwerelosigkeit vermittelte. Eigentlich klar, dass sich auch Neugeborene in diesem Element wohl fühlen.

Intelligente Wasserratten

Wahrscheinlich erinnert Ihr Baby sich im Wasser an die allererste Zeit seines „Seins" und die damit verbundenen angenehmen Eindrücke – es wird also Wohlbefinden verspüren. Darüber hinaus kann sich der Säugling beim Babyschwimmen im Wasser schon sehr früh – nämlich ab der 6. bis 8. Lebenswoche – selbstständig fortbewegen, und nicht erst, wenn er das Kullern, Robben oder Krabbeln „an Land" beherrscht. Das Baby trainiert beim Schwimmen also sein Muskel- und Bindegewebe; durch die Bewegung im Wasser wird die Grobmotorik gefördert – das Kind gewinnt Vertrauen in seine körperlichen Fähigkeiten und erweitert seinen Aktionsradius. Außerdem wurde in mehreren Studien nachgewiesen, dass „Babyschwimmer" in Intelligenztests eindeutig besser abschnitten als „Nicht-Babyschwimmer".

Je früher, desto besser

Babyschwimmen eignet sich als sehr frühe Aktivität ab der 6. bis 8. Lebenswoche, da Säuglinge mit verschiedenen Schutzreflexen ausgestattet sind; dazu zählt auch der so genannte Atemschutzreflex. Dieser bewirkt, dass bei gesunden Kindern in dem Augenblick, in dem Mund oder Nase mit Wasser in Kontakt kommen, die Atmung blockiert – es kann also kein Wasser in die Lungen gelangen.

Was es zu beachten gibt

- Die Wassertemperatur sollte mindestens 32 Grad betragen und das Wasser nicht allzu gechlort sein.
- Die erste „Babyschwimmstunde" sollte nicht länger als 15 Minuten dauern und erst nach und nach auf maximal 45 Minuten gesteigert werden, wenn das Baby tatsächlich so lange Spaß an dieser Aktivität hat.
- Suchen Sie sich zum Babyschwimmen eine geeignete Tageszeit aus:

am besten vormittags, wenn im Hallenbad noch kein großer Trubel herrscht, vorausgesetzt es findet kein Schulschwimmen statt; ungünstig sind in der Regel auch verregnete Wochenenden.

- „Kleine Geschäfte" lassen sich nicht verhindern; allerdings muss dafür gesorgt sein, dass das „große Geschäft" nicht ins Wasser gelangt. Am ehesten stellt man das durch ein eng sitzendes Höschen sicher, das sich auch im Wasser nicht weitet. Viele Babys haben unmittelbar nach dem Stillen oder Fläschchen Stuhlgang – warten Sie also die entsprechende Zeit ab.

- **Achtung:** Auch Babys haben mal einen „schlechten Tag". Achten Sie deshalb darauf, dass das Kind guter Laune ist; wenn es sich auch nach behutsamen „Annäherungsversuchen" noch gegen den Kontakt mit dem Wasser sträubt, sollten Sie den Badespaß verschieben. Tun Sie nichts gegen den Willen des Babys.

In zahlreichen Bädern werden Babyschwimmkurse angeboten; informieren Sie sich über die Aushänge in den Info-Kästen oder den örtlichen Schwimmverein.
Oftmals bieten auch Turnvereine oder Familien- bzw. Elternvereine solche Kurse an. Falls es in Ihrer Nähe keinen Babyschwimmkurs gibt, können Sie sich auch mit anderen interessierten Eltern zusammentun und anhand eines Buches vorgehen.

Zärtliches Berühren ist instinktiver Ausdruck von Zuneigung

spricht schon recht genau der späteren Sitzhaltung. Trotz dieser Muskelarbeit bleibt das Baby sicher auf dem Rücken liegen, was eine bemerkenswerte Stabilität des Rumpfes voraussetzt. Diese Stabilität ist die Grundvoraussetzung für erste willkürliche Bewegungen des Babys; sie bietet ihm eine sichere Ausgangsbasis für eigenbestimmte Aktivitätzt.

Bewusstes Greifen. Zwischen der 8. und der 12. Lebenswoche verschwindet allmählich der Greifreflex; an seine Stelle tritt das bewusste, willentliche Greifen, das sich im 2. Vierteljahr noch deutlicher ausprägt.

◆ *Schiefhaltung ausgleichen*
Haben Sie den Eindruck, Ihr Baby entwickelt eine leichte Schiefhaltung? Kein Grund zur Panik! Sprechen Sie Ihren Kinderarzt darauf an – mit sanften Dehn- und Bewegungsübungen lässt sich eine solche leichte Schiefhaltung schon in wenigen Wochen bis Monaten beheben.

Baby Walz

Augen-Hand-Koordination. Mit etwa 10 Wochen betrachtet das Baby fasziniert seine eigenen Händchen, hält sie sich vors Gesicht, zupft an seinen winzigen Fingern – es kann nun den Zusammenhang zwischen „sehen" und „handeln" herstellen. Natürlich gehen die ersten gezielten Greifbewegungen anfangs häufig noch „daneben"; erst nach und nach lernt das Baby, Entfernungen abzuschätzen.

◆ *Jetzt besonders wichtig: Auch wenn Sie gegen Ende des 1. Vierteljahres das Gefühl haben, Ihr Baby entwickelt sich nun mit Riesenschritten, dürfen Sie nicht versuchen, die (körperliche) Entwicklung durch allzu ehrgeizige „Trainings-Programme" zu beschleunigen. Manche Eltern verfrachten ihr Kleines sehr zeitig in den Buggy oder den Hochstuhl – noch lange bevor der kindliche Körper in der Lage ist, von sich aus längere Zeit im Sitzen zuzubringen. Zu frühes Sitzen wird das Baby umgehend mit Unmut, Weinen o.Ä. quittieren.*

Geistige und emotionale Entwicklung

Vom „Engelslächeln" zum bewussten Kontakt

Über unser größtes Sinnesorgan, die Haut, sammelt das Neugeborene in den ersten Lebenswochen die wichtigsten Eindrücke: warm und kalt, hart und weich. Körperberührungen beruhigen es und durch den Hautkontakt beim Stillen erlebt das Baby prägende, positive Erfahrungen mit anderen Menschen, erfährt die so wichtige Nestwärme und kann auf der

◆ *Zärtliches Berühren ist instinktiver Ausdruck von Zuneigung; streicheln kann man das Neugeborene zu jeder Zeit und an jedem Ort, auch wenn es bekleidet ist. Von Massage im engeren Sinn kann man noch nicht sprechen, denn der Körper und die inneren Organe des Babys sind noch sehr weich und verletzlich; man muss sich keine Grifftechniken aneig-*

31

1. – 3. Monat

Beim Stillen entsteht inniger Körperkontakt zwischen Baby und Mutter

nen, um das Neugeborene mit Streicheleinheiten zu verwöhnen. Vielmehr geht es in den ersten Lebenswochen darum, einander kennen zu lernen und zu entdecken, Nähe und Innigkeit zu schaffen und eine zärtliche Zwiesprache zu entwickeln. Begleiten Sie Ihr Streicheln mit leisen Worten, wenn Ihnen danach ist; achten Sie auf fließende, sichere Bewegungen, die wiederum Ihrem Kind Sicherheit geben, und halten Sie während der zärtlichen Berührungen Blickkontakt. Aber keine Angst – diese „Kurzanleitung" werden Sie sicher instinktiv beherzigen.

Grundlage der empfangenen Zärtlichkeit eigene Sensibilität entwickeln. Aus der körperlichen Geborgenheit heraus kann sich der Säugling der Welt öffnen. Ab und an huscht ein angedeutetes Lächeln über das Gesicht des Neugeborenen – dieses frühe, so genannte „Engelslächeln" ist jedoch noch rein zufällig und unabhängig von der mütterlichen Zuwendung. Auf das erste „richtige" Lächeln dürfen sich die Eltern noch einige Wochen freuen. Nach den ersten Lebenswochen sind sich Eltern und Baby näher-

Das erste bewusste Lächeln eines Babys entzückt alle, denen es zuteil wird

32

gekommen. Im 2. Lebensmonat lassen sich im Schreien bereits mehr oder weniger deutliche Unterschiede erkennen – Hunger und Schmerz lösen ein heftiges Schreien aus, während sich Müdigkeit eher klagend anhört.

Ende des 2., Anfang des 3. Monats ist es soweit: das erste bewusste Lächeln, das so genannte „soziale Lächeln" tritt zunächst noch zaghaft auf das Gesicht des Babys. Schnell wird es fester Bestandteil der Zwiesprache zwischen Eltern und Kind. Man nennt dieses Lächeln übrigens deshalb sozial, weil das Baby keine Gegenstände, sondern nur menschliche Gesichter anstrahlt – der erste große Schritt im zwischenmenschlichen Bereich ist vollzogen.

> „Durch unsere Hände sprechen wir mit dem Kind, mit ihnen kommunizieren wir. Berührung ist die erste Sprache. (...) Die Haut des Neugeborenen hat eine Intelligenz, die wir uns nicht vorstellen können."
> Frédérick Leboyer,
> Geburt ohne Gewalt

Schon die Allerkleinsten genießen eine behutsame Babymassage; die Griffe sollten dabei als sanftes Streicheln ausgeführt werden

Mienen- und Lautspiel

Jedes Kind verfügt über ein angeborenes Interesse an menschlichen Stimmen, am Lauschen und am Entschlüsseln der empfangenen Botschaften – und natürlich über das Interesse, selbst an der Unterhaltung teilzunehmen. Dieses Interesse stellt die Motivation dar, die ersten willkürlichen Laute hervorzubringen. Wenn Sie gegen Ende des 3. Lebensmonats Ihr Kind liebevoll in den Arm nehmen und mit ihm sprechen, wird es Sie aufmerksam bis forschend betrachten. Ändern Sie während des Sprechens den Tonfall Ihrer Sprache und die Lautstärke, wird es dies registrieren. Und in gleichem Maße wie die lautlichen Merkmale der Sprache wird es den Gesichtsausdruck und die weiteren Körpersignale registrieren, die Ihre Worte begleiten. Schon jetzt prägt sich bei Ihrem Kind ein, nach welchen Regeln und in welchem Rahmen Kommunikation abläuft.

Kommunikation sollte immer ehrlich sein, denn etwas ältere Kinder erfassen sehr schnell, wenn die Körpersprache etwas anderes verrät als die Worte. Diese Abweichung kann Kinder verwirren.

◆ *Lassen Sie mit Ihren Worten auch Ihr Gesicht sprechen; lächeln Sie Ihr Kind an – auch das wird instinktiv geschehen –, unterdrücken Sie Ihre natürliche Mimik nicht, denn dies sind zusätzliche Reize, die Ihr Kind stimulieren und zu Erwiderung motivieren. Entdeckt das Baby im Gesicht der Mutter oder des Vaters die eigene Mimik wieder (der so genannte „biologische Spiegel"), erhält es dadurch die Bestätigung, dass es auch ein Mensch ist – das Baby beginnt das zu imitieren, was es bei den Bezugspersonen beobachtet.*

◆ *Lang gezogene „Ohhhs" und „Ahhhs" in Verbindung mit wiegendem Kopf, lustig geweiteten Augen und gerundeten oder gespitzten Lippen machen schon dem Neugeborenen Spaß. Und irgendwann wird es reagieren und ebenfalls sein Gesichtchen verziehen – zu einem be- und verzaubernden Lächeln. Wichtig: Halten Sie beim Mienenspiel die richtigen Abstände zum Kind ein (siehe „Sehen", Seite 23).*

1. – 3. Monat

PEKiP – Das Prager-Eltern-Kind-Programm

„Im Kind stecken ungeheure Entwicklungsmöglichkeiten, von denen wir bis heute keine Ahnung haben." So lautet die Grunderkenntnis, die der Prager Psychologe Dr. Jaroslav Koch (1910 – 1979) nach jahrelangen Beobachtungen und beim Umgang mit Babys im 1. Lebensjahr gewann. Auf der Grundlage seiner teilweise bereits aus den 60er Jahren stammenden Studien und Forschungsergebnisse wurden Mitte der 70er Jahre in Deutschland die ersten so genannten PEKiP-Gruppen gegründet, die jungen Eltern die Erkenntnisse Kochs in praktischer, weiterentwickelter Umsetzung vermittelten. Hier die Kernpunkte seiner nach wie vor aktuellen Lehre:

Schon früh erkennt Koch das feine Zusammenspiel von motorischer und geistiger Entwicklung; seiner Meinung nach leiden Säuglinge, teilweise bedingt durch unsere „modernen" Lebensumstände, durch enge Kleidung und stramm sitzende Windeln, unter Bewegungsmangel. Er stellt fest, dass nackte Babys ein weitaus größeres Repertoire an spontanen Bewegungen ausführen als bekleidete. Als logische Konsequenz entwickelt er Spiele und Aktivitäten, die diese Spontanbewegungen unterstützen. Dabei wird zwischen Spielen mit Spielzeug

„Im Kind stecken ungeheure Entwicklungsmöglichkeiten, von denen wir bis heute keine Ahnung haben"

und Spielen, die rein auf sozialem Kontakt mit Eltern und Kind basieren, abgewechselt. Die Aktivitäten werden in einem gut geheizten Raum durchgeführt; die Babys sind dabei nackt. Koch stellt in breit angelegten Studien fest, dass sich die Kinder, mit denen nach seinen Anweisungen im 1. Lebensjahr systematisch gespielt wird, deutlich besser entwickeln, einen stabileren Schlaf-wach-Rhythmus besitzen, wesentlich ausgeglichener, zufriedener, aktiver und fröhlicher sind. In den Jahren vor seinem Tod gab er zahlreiche, auch populärwissenschaftliche Veröffentlichungen heraus, in denen er die Leser mit der Methodik der grob- und feinmotorischen Stimulation vertraut macht, aber auch auf die Wichtigkeit einer ganzheitlichen Erziehung hinweist.

PEKiP in der Praxis

PEKiP ist ein gruppenpädagogisches Modell, das von weit über 1000 ausgebildeten PEKiP-GruppenleiterInnen praktisch umgesetzt und angeboten wird. PEKiP fördert in Form von Spielgruppen den Aufbau einer positiven Eltern-Kind-Beziehung durch gemeinsames Erleben von Bewegung, Spiel und Spaß. Den jungen Eltern wird in PEKiP-Gruppen vermittelt, wie sie ihr Kind gezielt beobachten, seine Bedürfnisse wahrnehmen und angemessen befriedigen können. Das Baby selbst bestimmt Tempo, Weg und Ziel seiner Entwicklung; es werden ihm dazu von Anfang an ganzheitliche Bewegungs- und Spielanregungen angeboten. Im Rahmes des PEKiP können sich Eltern in Gesprächskreisen über ihr Eltern-Sein und ihre Erfahrungen austauschen, und schon im 1. Lebensjahr wird auch Babys die Chance geboten, erste soziale Kontakte zu Gleichaltrigen zu knüpfen, ohne dazu von den Eltern getrennt zu sein.

PEKiP-Gruppen werden in zahlreichen Städten angeboten; Informationen sind beispielsweise über die Paritätischen Familienverbände, über Familienbildungsstätten, Verbände der freien Wohlfahrtspflege, Kirchengemeinden oder Volkshochschulen erhältlich.

„Es geht darum, Kinder in ihrer Gesamtheit zu entfalten: ihre Gefühle, ihre Verhaltensweisen, das Sammeln von Lebenserfahrungen.“

Dr. Jaroslav Koch

1. – 3. Monat

Babys Lautwelt

Manche Säuglinge können schon im Alter von nur wenigen Stunden nachahmen, wie jemand die Zunge herausstreckt oder den Mund öffnet. Neugeborene scheinen oft Meister im Nachahmen von Gesichtsausdrücken zu sein – so als versuchten sie, Gefühle wie Überraschung, Traurigkeit oder Glück mitzuteilen. Viele Mütter spüren intuitiv, dass ihr Kind versucht, ihnen Dinge mitzuteilen – so als würde es die ersten Sprechversuche unternehmen.

Ganz zu Beginn macht sich das Baby durch Weinen und Schreien bemerkbar, doch bald schon merken junge Eltern, dass ihr Kind bereits im 1. Lebensmonat unwillkürlich wenige Kehlkopflaute hervorbringen kann; während des Schlafs ist oft ein leises Schnorcheln oder „Röcheln" zu hören. Im 2. Lebensmonat äußert der

◆ *Miteinander reden – vom ersten Augenblick an: Am liebsten hört das Baby den Klang der elterlichen Stimmen. Reden Sie vom ersten Augenblick an mit Ihrem Baby – und zwar so viel wie möglich. Wenn Sie mit dem Säugling allein zu Hause sind, berichten Sie ihm, was Sie gerade tun – auch wenn Sie glauben, das kleine Wesen verstünde kein Wort, und sich anfangs bei diesen vermeintlichen Monologen seltsam vorkommen. Keine Angst – Sie müssen dabei keinesfalls in die „Babysprache" verfallen, sondern können ganz normal reden. Untersuchungen haben ergeben, dass Kinder, mit denen sehr früh sehr viel gesprochen wird, tatsächlich schneller sprechen lernen als andere.*

Noch ein Tipp

Ihr Kind wird sich später sicher einmal freuen, wenn Sie ihm seine ersten Lautmalereien und die ersten Worte auf Kassette vorspielen können!

Die Ammensprache

Zwischen Baby- und Erwachsenensprache: Schon in den ersten Lebenswochen entwickelt sich bei dem Neugeborenen ein starker Drang nach verbaler, also lautlicher Mitteilung: Das Baby gibt blubbernde, kehlige Laute von sich, insbesondere wenn es sich wohl fühlt. Mit etwa 2 Monaten ist sogar schon eine kleine Kommunikation zwischen Eltern und Kind möglich: Das Baby brabbelt, hält inne und wartet, was Sie erwidern. Imitieren Sie seine Laute, lacht es und antwortet erfreut. Auf diese Weise kann sich eine fröhliche Unterhaltung zwischen Eltern und Kind entspinnen. Zusätzlich wird das Baby seine Ärmchen ausstrecken und vergnügt mit den Beinen strampeln.

Wenn Sie in „Ihrer" Sprache mit Ihrem Kind reden möchten – wenn Sie ihm beispielsweise Ihre alltäglichen Verrichtungen erklären, beim Kochen, Aufräumen oder Bügeln –, werden Sie wahrscheinlich nicht die mittlerweile verpönte „Babysprache" verwenden wollen. Erfahrungsgemäß scheuen sich insbesondere Väter, „albernes Babygeplapper" von sich zu geben, und ziehen es deshalb vor, gar nicht oder nur sehr wenig und zudem sehr unbeholfen mit ihren Babys zu kommunizieren. Denn dass die rationale Erwachsenensprache auch nicht besonders geeignet für eine Unterhaltung mit dem Baby ist, liegt auf der Hand. Es gibt glücklicherweise einen Mittelweg, der alle Sprachbarrieren zwischen Eltern und Kind überwindet und den viele Eltern ohnehin rein intuitiv wählen: die so genannte „Ammensprache", die sich durch kurze, einfache Sätze, gedämpfte, sanfte Stimme und wellenartige, melodiöse Intonation auszeichnet; hinzu kommen Mimik und Gestik, die es dem Baby ermöglichen, Sprache in ihrer Ganzheit zu erfassen und den Sinn des Gesagten nicht nur aus den bloßen Lauten abzuleiten. Studien haben gezeigt, dass sich Kinder, mit denen schon früh anders als in der Babysprache gesprochen wird, in sprachlicher Hinsicht besser als andere entwickeln – und dass zwischen Sprache und Intellekt ein enger Zusammenhang besteht, wissen wir schon lange.

1. – 3. Monat

Säugling erste Vokallaute, die an „a" oder „äh" erinnern und oft durch „h" verbunden werden: etwa „äha" oder „öhö"; gegen Ende des 1. Vierteljahres gibt das Kind „r"-Laute (zum Beispiel Kombinationen wie „errhe" oder „errhö") von sich, die sich wie Gurren oder Gurgeln anhören. Schon im 2. Monat setzt Ihr Baby sein Klanginstrumentarium ein, um den Kontakt zur Umwelt herzustellen; im Lauf der Zeit verbindet es immer mehr Laute miteinander und hat Spaß daran.

„Das Kind liegt mit halbgeschlossenen Augen da und wartet mit angespannter Seele darauf, dass seine Mutter mit ihm spricht – das Geheimnis seines Willens ist nicht darauf gerichtet, einen Menschen zu beherrschen; es geht ihm vielmehr um die Erfahrung der Gemeinschaft angesichts der einsamen Nacht, die sich hinter den Fenstern ausbreitet." Martin Buber

Kann man ein Baby verwöhnen?

In vielen Menschen – besonders in solchen, die selbst eher traditionell und streng erzogen wurden – steckt die Furcht, das Baby könnte sich binnen Kürze zum Tyrannen auswachsen, wenn es bekommt, was es manchmal ach so lautstark fordert. Doch diese Sorge ist bei Babys im 1. Lebenshalbjahr völlig fehl am Platz – das Gehirn dieser neugeborenen Winzlinge ist noch lange nicht in der Lage, solch komplizierte Vorgänge wie „Je lauter ich schreie, desto schneller ist Mama da!" zu begreifen. Die kleinen Menschen handeln vollkommen absichtslos und spontan und äußern lediglich die Gefühle, die sie im Augenblick bewegen. Reagieren Sie im ersten halben Jahr deshalb ebenso spontan und intuitiv auf die Wünsche Ihres Babys. Lassen Sie sich weder einreden, Sie würden Ihr Baby über Gebühr „verwöhnen", noch, Ihr Baby wolle Sie mit seinen Wünschen „tyrannisieren". Nehmen Sie Ihr Baby in den ersten Monaten immer hoch, wenn es weint und sich durch Körperkontakt beruhigen lässt, tragen Sie es herum, und singen Sie ihm leise Lieder!

Das 2. Vierteljahr

Die Zeit des Vertrauens

Das Baby ist nun endgültig „gelandet"; Eltern und Kind haben sich besser kennen gelernt und aufeinander eingestellt. Nun kann der kleine Mensch Erfahrungen sammeln, die sein Vertrauen in die Welt bestimmen werden. Das Baby nimmt sichtlich Anteil am Geschehen um es herum und entwickelt Möglichkeiten, darauf zu reagieren. Dazu kommt, dass es nun auf dem Schoß der Eltern sitzen kann – so sieht es die Welt „mit anderen Augen". Die meisten Babys lachen gern und entwickeln sogar schon so etwas wie Humor: Auf Grimassen oder Kitzelspiele reagieren sie mit Lachen.

Körperliche Entwicklung

Motorik und Feinmotorik

Bewegung. Ab dem 4. Monat beherrscht das Baby schon kompliziertere Bewegungsmuster – in Bauchlage beispielsweise erprobt es die Rücken- und Beinmuskulatur: es gibt die Unterarmstütze auf, hebt gleichzeitig Kopf, Arme und Beine an und kommt durch lebhafte Bewegungen oft sogar zum Schaukeln. Wenig später gelingt es ihm, vom Bauch auf den Rücken zu rollen, was anfangs allerdings eher noch an ein „Umkippen" als an eine aktive Drehung des Körpers erinnert. Zieht

◆ *Den eigenen Körper wahrnehmen*
In diesem Stadium der kindlichen Entwicklung spielt Körperwahrnehmung eine entscheidende Rolle; sie kann durch Babymassage, durch Berühr- und Kitzelspiele und durch erste Bewegungsspiele gefördert werden.

Wenn sich das erste Zähnchen regt, nagen Babys besonders gerne an harten Gegenständen

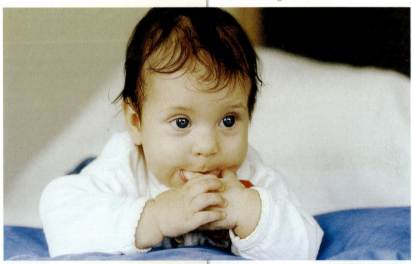

man es an den Armen hoch, hebt es eigenständig den Kopf und winkelt wenig später bei dieser „Übung" auch schon die Ärmchen an, um die Aufwärtsbewegung aktiv zu unterstützen.

Ab dem 5. Monat ist das Baby in der Lage, kurzfristig sein Körpergewicht zu übernehmen, wenn man es nur leicht unter den Achseln stützt.

Im 6. Monat stützt sich das Kleine in Bauchlage auf die ausgestreckten Arme, wobei sich auch der Brustkorb von der Unterlage entfernt und das Körpergewicht auf den Armen und Händen ruht. Bietet man dem Kind nun ein Spielzeug an, verlagert es das Gewicht auf einen Arm und greift mit der frei gewordenen Hand nach dem Gegenstand.

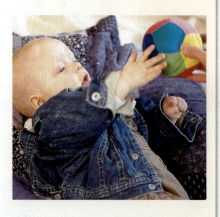

◆ *Klang und Bewegung:* In Spielwarenhandlungen gibt es kleine Babyrasseln, die Sie per Klettverschluss oder elastischen Schlaufen an den Hand- oder Fußgelenken Ihres Kindes befestigen können – durch das zarte Klimpern werden dem Baby seine eigenen Bewegungen bewusster. Ebenso hübsch und selbst gemacht: Binden Sie Ihrem Baby mit einem schmalen Band ein kleines Glöckchen um das Hand- oder Fußgelenk; achten Sie jedoch darauf, dass das Glöckchen wirklich fest sitzt und nicht vom Baby gelockert werden kann. Sollte Ihr Baby nicht in „Glöckchenlaune" sein, verschieben Sie den Klimperspaß.

◆ *Darf ich bitten?!* Ein Tänzchen macht nicht nur den Großen Spaß – tanzen Sie ruhig auch mit Ihrem Baby, wenn Sie selbst Freude an rhythmischer Bewegung haben. Wiegen Sie es behutsam zu langsamen Melodien und temperamentvoller zu schnellen Klängen. Auf diese Weise wird die ganzheitliche Wahrnehmungsfähigkeit Ihres Babys gestärkt – es hört den Rhythmus und erfährt ihn zugleich durch die Bewegung.

Das Interesse an der Welt nimmt zu

4. – 6. Monat

Babymassage – Streicheleinheiten für die Seele

In vielen Kulturen ist die Babymassage traditionell verankert; inzwischen haben auch wir sie entdeckt. Natürlich kann man schon Neu- und auch Frühgeborene massieren, doch sollten die Berührungen dann eher einem sanften Streicheln ähneln. Ab dem 3. oder 4. Monat dürfen die Griffe jedoch schon etwas fester ausfallen, und vor allem im 2. Halbjahr, wenn das Baby mobiler und körperlich aktiver wird, wird die Massage sehr geschätzt. Hautkontakt zwischen Eltern und Kind schafft ein Gefühl der Geborgenheit, des Verständnisses und Vertrauens – Babymassage bietet sich gerade auch für Väter an, die vielleicht während der Stillzeit die Partnerin um den engen körperlichen Kontakt zum Baby beneiden. Massage löst Verspannungen, verbessert Koordination und Geschmeidigkeit der Muskeln, fördert die Körpersensibilität und lindert kleinere Beschwerden wie etwa Koliken (bei anhalten-

Fließende Bewegungen verbinden Schultern, Brust, Bauch, Arme und Beine

Ausstreichende Bewegungen bewirken
ein sanftes, natürliches Strecken

den Schmerzen muss jedoch in jedem Fall der Arzt hinzugezogen werden!). Untersuchungen haben außerdem ergeben, dass liebevoll ausgeführte Massageberührungen die Entwicklung des Gehirns fördern. Hier einige Tipps:

Der richtige Zeitpunkt

Das Kind sollte wach, aber weder hungrig sein noch einen vollen Magen haben. Es sollte genug Zeit vorhanden sein – massieren Sie nie unter Zeitdruck, wenn Sie eigentlich gar keine Lust dazu haben oder selbst nervös und angespannt sind, denn Babys besitzen sehr feine Antennen für Unrast und Nervosität der Eltern! Die Massage sollte so lange dauern, wie beide Spaß daran haben. Beginnt das Baby zu quengeln oder gar zu weinen, beenden Sie die Massage sofort.

Der richtige Ort

Die Massage soll sowohl für die Mutter bzw. den Vater als auch für das Baby wohltuend sein. Für das

4. – 6. Monat

4. – 6. Monat

Die Gesichtsmassage erfordert besonderes Fingerspitzengefühl

Baby ist eine angenehme Raumtemperatur sehr wichtig – Massage unter der Wärmelampe oder dem Heizstrahler empfindet es als doppelten Genuss. Die Mutter bzw. der Vater sollte ebenfalls eine bequeme Position einnehmen, zum Beispiel mit dem Rücken an die Wand gelehnt, im Schneidersitz oder auf den Fersen sitzend.

Wie man massiert

Am besten massieren Sie mit warmen Händen und vorgewärmtem Öl (gut geeignet: Mandelöl). Am angenehmsten sind für das Baby gleitende Griffe mit entspannten, lockeren Händen; vermeiden Sie also abrupte Bewegungen, und achten Sie darauf, dass Ihre Berührungen nicht zu zaghaft ausfallen – sie machen das Baby eher nervös, als dass sie beruhigend oder stimulierend wirken.

Mit den Fingerspitzen führt man kreisende Bewegungen aus, mit den Handflächen streichende Bewegungen. Lassen Sie sich bei der Massage vom eigenen Gefühl und den Reaktionen des Babys leiten.

Zunächst liegt das Baby auf dem Rücken; beginnen Sie nun mit seinen Schultern, und streichen Sie im Anschluss weiter abwärts über Brust, Bauch und Beine. Entsprechend dem Verlauf des Darmtraktes massiert man den Bauch stets sanft im Uhrzeigersinn.

Dann dreht man das Baby auf den Bauch. Rücken und Po des Babys massiert man ebenfalls von oben nach unten zuerst mit streichenden, dann mit kreisenden Bewegungen. Besonders bei den Armen und Beinen bewirken ausstreichende Griffe nach unten hin ein sanftes, natürliches Strecken.

Nicht jedes Baby empfindet eine Gesichtsmassage als angenehm; das kann auch von Tag zu Tag unterschiedlich sein. Streichen Sie behutsam mit den Daumen über die Stirn und von der Nasenwurzel über die Wangen bis zum Kinn. Die Gesichtsmassage wirkt besonders bei verstopften Atemwegen wohltuend.

Wichtig

Massage ist mehr als eine Abfolge von Griffen – sie ist Zärtlichkeit. Halten Sie bei der Massage stets Blickkontakt mit dem Baby, und beobachten Sie seine Reaktionen. Variieren Sie Rhythmus und Druckstärke der Griffe – je mobiler und aktiver das Baby wird, desto kräftiger kann es massiert werden. Summen Sie dabei ein Lied, oder flüstern Sie ihm leise Worte zu, um seine Aufmerksamkeit zu fesseln. Achten Sie während der Massage darauf, dass dem Baby nicht kalt wird.

Die Fußmassage ist sowohl für die Eltern als auch für das Baby ein großer Genuss

4. – 6. Monat

4. — 6. Monat

Die meisten Babys lassen sich gegen Ende des 2. Vierteljahres gerne in Sitzhaltung hochziehen und können dabei den Kopf stabil halten, sind jedoch noch nicht in der Lage, über längere Zeit selbstständig zu sitzen.

Mit etwa einem halben Jahr ist das Baby in der Rückenlage sehr an seinen Füßchen interessiert, fasst nach ihnen und spielt damit; eine beachtliche koordinatorische Leistung vollbringt das Baby, wenn es seinen Fußzeh in den Mund steckt! Beim Spielen mit den Füßchen hebt sich sein Po von der Unterlage; die Bauchmuskeln des Babys werden dabei immer kräftiger.

Gegen Ende des 6. Monats drehen sich die meisten Babys nun gleichermaßen über beide Seiten von der Bauch- in die Rückenlage – über die schrägen Bauchmuskeln wird die obere Beckenhälfte schräg nach oben gezogen; mit dem schräg gestellten Becken beginnt die Beindifferenzierung, bei der das obere Bein gebeugt und das untere mehr und mehr gestreckt wird. Diese Beindifferenzierung bereitet die verschiedenen Muskelgruppen schon jetzt auf das spätere Laufen vor. Beim

◆ *„Haben wollen"*

Kann Ihr Baby im 2. Vierteljahr nun in der Bauchlage den Kopf stabil in der Körpermitte halten und sogar schon frei mit Händen und Armen agieren, streckt es sich nach Dingen, die etwas außerhalb seiner Reichweite liegen, aber sein Interesse erwecken. Spornen Sie Ihr Baby liebevoll an, den ersehnten Gegenstand zu erreichen – das Prinzip „haben wollen" ist für das Baby ein großer Anreiz, seinen Aktionsradius zu erweitern. Hat es das „Objekt der Begierde" erreicht, loben Sie Ihren kleinen Schatz ausgiebig.

◆ *Gefahren auf dem Boden*

In dem Augenblick, in dem Ihr Baby mobiler wird und sich vielleicht schon kullernd durch den Raum bewegt, müssen Sie sicherstellen, dass sich auf dem Boden keine Gegenstände befinden, die dem Baby gefährlich werden könnten; dazu gehören auch kleine Objekte, die unbemerkt heruntergefallen sind – das Baby wird sie mit großer Zielsicherheit aufspüren und in den Mund stecken … Spätestens jetzt sollten Sie auch herabhängende Tischdecken in den Schrank verbannen, denn das Baby interessiert sich für alles, was sich in seiner Reich-

Das Baby hebt Kopf und Oberkörper und agiert bereits frei mit den Händen

Drehen vom Rücken auf den Bauch stützt sich das Baby auf die untere Schulter und hebt den Kopf seitlich von der Unterlage ab. Gezielt greift die obere Hand über den Körper in Richtung der anderen Seite.

Greifen. Im 6. Lebensmonat kann das Baby ganz bewusst und gezielt nach Gegenständen greifen, mit einer Hand sicher umfassen – und ohne Umwege in den Mund stecken, um sie zu erforschen. Die

weite befindet, und greift nach jedem Zipfel. Auch wenn auf dem verlockend herabbaumelnden Tischtuch ein ganzes Kaffeeservice steht ...

◆ ***Hoch in die Luft***
Ihr Baby hält seinen Kopf aus eigener Kraft ganz stabil und erfreut sich an jeder neuen Perspektive, die sich ihm bietet. Fassen Sie es unter den Armen, und heben Sie es über Ihren Kopf. Drehen Sie sich langsam im Kreis, sodass Ihr Kleines das ihm aus der „Froschperspektive" bekannte Zimmer einmal aus der Luft betrachten kann. Auch der „Start ins All" macht den meisten Babys Spaß: Das Kind fest unter den Armen fassen und mit Schwung wie eine Rakete senkrecht nach oben heben. Doch beobachten Sie aufmerksam die Reaktion Ihres Kindes, denn nicht alle Babys sind kleine Astronauten ...

◆ ***Spiele beim Wickeln***
Besonders das Wickeln bietet herrliche Gelegenheiten zu lustigen Spielen. Wenn das Baby ohne Strumpfhose vor Ihnen liegt, wird es mit Vergnügen an seinen Fußzehen lutschen. Streicheln und kitzeln Sie das Baby mit einem Tuch oder einer Stoffwindel. Verstecken

4. – 6. Monat

53

Mit Mund und Fingern

Das Baby nimmt nun alle Gegenstände, die es mit den Fingern ergreift und betastet, auch in den Mund – das ist seine Art, sie zu erforschen. Versuchen Sie erst gar nicht, Ihr Kind davon abzubringen – es wird Ihnen nicht gelingen, denn dieser Entwicklungsschritt ist von der Natur vorgegeben und wichtig. Das Kind möchte die Welt entdecken, und mit dem sensiblen Mund kann es viele wertvolle Erfahrungen und Eindrücke sammeln. Zu Ihrer eigenen Beruhigung können Sie das Spielzeug regelmäßig unter fließendem Wasser abwaschen. Der Gipfel der sinnlichen Körperwahrnehmung ist für das Baby vermutlich der Augenblick, in dem es die eigenen Füßchen ergreift, um die Zehen an den Mund zu führen und vergnügt daran zu nuckeln. Genießen auch Sie diese Momente!

Sie sich hinter dem Tuch: „Guck, guck, da!" Singen Sie ihm ein Lied vor, und bewegen Sie seine Arme oder Beine sanft im Takt. Fahren Sie mit Ihrem kleinen Schatz Rad. Pusten Sie ganz behutsam auf den Körper Ihres Babys. Spielen Sie den „Eskimo-Kuss": Reiben Sie sacht Ihre Nasenspitze an seiner Nasenspitze.

Doch tun Sie nie eines: Wenden Sie sich nie von Ihrem Kind ab, nicht eine einzige Sekunde! Denn Ihr Kind ist nun in der Lage, sich von einem Augenblick zum nächsten, ohne Vorankündigung, blitzschnell zu drehen. Ein Sturz vom Wickeltisch kann für Ihr Baby fatale Folgen haben – und ist andererseits so leicht zu vermeiden: Legen Sie vorab alle benötigten Utensilien auf dem Wickeltisch bereit; sollten Sie doch etwas vergessen haben oder unerwarteterweise einen frischen Strampler benötigen, heben Sie Ihr Kind vom Wickeltisch herunter, legen es in sein Gitterbettchen, auf die Krabbeldecke oder auf den Boden – auch wenn der Schrank nur einen Schritt entfernt steht!

◆ *Fan-tastisches Tastmaterial*
Der Tastsinn Ihres Babys braucht nun reichlich „Nahrung". Nähen

4. – 6. Monat

Selbstständig sitzen – aber nicht zu früh!

Auch wenn sich das Kind an angebotenen Händen hochzieht, kann es im ersten halben Jahr noch nicht selbstständig sitzen. Setzt man das Baby zu früh aufrecht hin, kann schlimmstenfalls die normale Entwicklung behindert werden, da weder seine Bauch- noch seine Rückenmuskeln für diese Haltung ausreichend entwickelt sind; die Lendenwirbelsäule könnte gestaucht werden. Das Kind kippt zur Seite oder nach hinten oder beugt den Oberkörper immer weiter nach vorn. In dieser nicht altersgemäßen Position sind ihm die Bewegungen, die es zu diesem Zeitpunkt von sich aus gerne ausführt (Drehen, Strecken, mit den eigenen Füßen spielen etc.), nicht möglich.

Augen-Hand-Koordination ist nun abgeschlossen. Auch hat das Baby gegen Ende des 6. Monats gelernt, Gegenstände zwischen den Händen auszuwechseln; dieser Punkt markiert das Ende des Handgreifreflexes, der es ihm verboten hätte, den Gegenstand im Moment der Übergabe mit der einen Hand loszulassen.

Das Kind ist nun auch in der Lage, unterschiedliche Materialien und Oberflächenbeschaffenheit wahrzunehmen; bieten Sie ihm nun die Möglichkeit, viele neue „Tast-Erfahrungen" zu sammeln (siehe auch „Sinnvolles Spielzeug im 2. Vierteljahr", Seite 68).

Sie aus bunten Stoffresten kleine Beutel, und füllen Sie diese mit unterschiedlichen Materialien: mit dicken weißen Bohnenkernen, mit feinkörnigem Reis, mit weichen Schaumstoffflocken, mit Federn, mit Kieselsteinen etc. Auf diese Weise kann das Baby die unterschiedlichsten Greif- und Tasterfahrungen machen und verschiedene Gewichte kennen lernen. Achten Sie darauf, dass die Nähte der Säckchen auch tatsächlich gut geschlossen sind.

Viel Spaß macht es Ihrem Baby, eine wollene Bommel zu betasten und zu drücken – Bommeln lassen sich schnell und ohne großen Aufwand in vielen Größen und Farben selber machen.

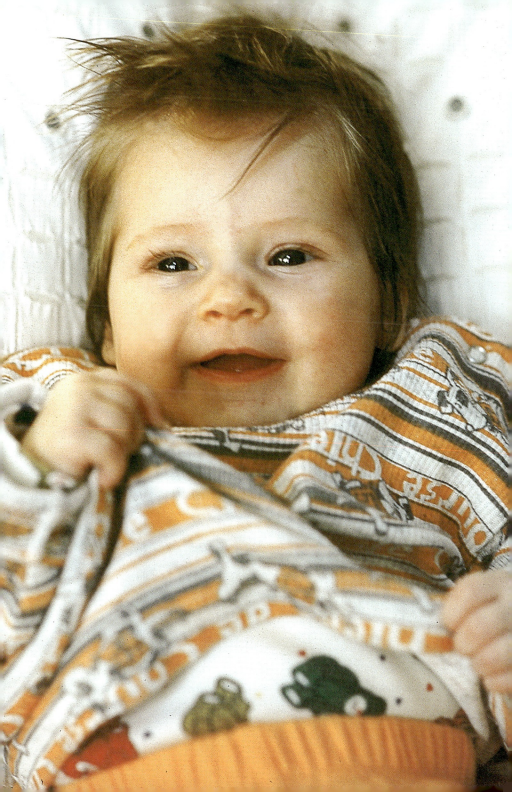

4. – 6. Monat

Klassische Berühr- und Kitzelspiele ...

... für die Finger

- Das ist der Daumen
  (sanft den Daumen massieren),
- der schüttelt die Pflaumen
  (sanft den Zeigefinger massieren),
- der hebt sie auf
  (sanft den Mittelfinger massieren),
- der trägt sie nach Haus'
  (sanft den Ringfinger massieren),
- und der kleine, kleine Wicht –
  der isst sie alle, alle auf
  *(sanft den kleinen Finger
  massieren)!*

- Das ist der Vater, lieb und gut
  (sanft den Daumen massieren),
- das ist die Mutter mit frohem Mut
  (sanft den Zeigefinger massieren),
- das ist der Bruder,
  schlank und groß
  *(sanft den Mittelfinger
  massieren),*
- das ist die Schwester mit dem
  Püppchen auf dem Schoß
  (sanft den Ringfinger massieren),
- das ist Kindchen, zart und klein
  *(sanft den kleinen Finger
  massieren),*
- das soll die ganze Familie sein
  (über die ganze Hand massieren).

- Der ist in den Brunnen gefallen
  (Daumen),
- der hat ihn wieder rausgeholt
  (Zeigefinger),
- der hat ihn ins Bettchen gesteckt
  (Mittelfinger),
- der hat ihn zugedeckt
  (Ringfinger),
- und der kleine, kleine Wicht –
  der hat ihn wieder aufgeweckt
  (kleiner Finger).

Diese Finger-Berührspiele stimmen
das Baby übrigens auch beim unver-
meidlichen Nägelschneiden gnädig,
denn schon die Kleinsten lauschen
gespannt den Versen!

...für die Hand

- Hast 'n Taler
  *(mit jeder Silbe in die Kinderhand
  patschen),*
- geh auf'n Markt,
- kauf dir 'ne Kuh,
- Kälbchen dazu,
- Kälbchen hat ein Schwänzchen,
- didel, didel, dänzchen
  (Handfläche des Kindes kitzeln).

...für die Beine

- Zeigt her eure Füße,
  zeigt her eure Schuh'
- und schauet den
  fleißigen Babys zu.
- Sie lachen, sie lachen,
  sie lachen den ganzen Tag.
- Sie lachen, sie lachen,
  sie lachen den ganzen Tag.

- Zeigt her eure Füße,
  zeigt her eure Schuh'
- und schauet den
  fleißigen Babys zu.
- Sie nuckeln, sie nuckeln,
  sie nuckeln den ganzen Tag.
- Sie nuckeln, sie nuckeln,
  sie nuckeln den ganzen Tag.

- Zeigt her eure Füße,
  zeigt her eure Schuh'
- und schauet den
  fleißigen Babys zu.
- Sie strampeln, sie strampeln,
  sie strampeln den ganzen Tag.
- Sie strampeln, sie strampeln,
  sie strampeln den ganzen Tag.

Zu diesen Versen bewegen Sie die
Beinchen des Babys ganz sanft und
vorsichtig, als wollten sie Rad
fahren, oder reiben behutsam
die Fußsohlen aneinander.

... fürs Gesicht

- Kommt eine Maus,
- baut ein Haus
  *(mit den Fingerspitzen den
  Mund des Babys umkreisen).*
- Kommt 'ne Mücke,
- baut 'ne Brücke
  *(mit den Fingerspitzen über
  den Nasenrücken des Babys
  streichen).*
- Kommt ein Floh,
- und der macht so
  (sanft am Ohrläppchen ziehen).

- Kinne Wippchen,
- rote Lippchen,
- Nuppelnäschen,
- Augenbräuchen,
- zupf, zupf, Härchen
  *(die Teile des Gesichts sanft
  berühren oder kitzeln).*

... für den ganzen Körper

- Kommt ein Mäuschen
  *(mit den Fingern über den ganzen
  Körper des Kindes „laufen"),*
- kriecht ins Häuschen,
- kriecht ins Kämmerlein,
- frisst das Semmelein,
- von der/dem ...
  *(Name des Kindes ergänzen und
  es zärtlich unterm Kinn kitzeln).*

Lieder zum Spielen und zum Zubettgehen

Summ, summ, summ

- Summ, summ, summ,
  Bienchen summ herum.
- Nein, wir tun dir nichts zuleide,
- flieg nur raus in Wald und Heide,
- summ, summ, summ,
  Bienchen summ herum.
- Summ, summ, summ,
  Bienchen summ herum.
- Such in Blumen,
  such in Blümchen,
- hier ein Tröpfchen,
  da ein Krümchen,
- summ, summ, summ,
  Bienchen summ herum.

Ri-ra-rutsch, wir fahren mit der Kutsch'

- Ri-ra-rutsch,
  wir fahren in der Kutsch'!
- Wir fahren über Stock und Stein,
- da bricht das Pferdchen
  sich ein Bein,
- ri-ra-rutsch,
  es ist nichts mit der Kutsch'!

- Ri-ra-ritt'n,
  wir fahren mit dem Schlitten!
- Wir fahren übern tiefen See,
- da bricht der Schlitten ein, o weh,

- ri-ra-ritt'n,
  es ist nichts mit dem Schlitten!

- Ri-ra-ruß,
  jetzt gehn wir fein zu Fuß!
- Da bricht uns auch kein
  Pferdebein,
- da bricht uns auch kein
  Schlitten ein,
- ri-ra-ruß,
  jetzt gehn wir fein zu Fuß!

Suse, liebe Suse, was raschelt im Stroh

- Suse, liebe Suse,
  was raschelt im Stroh?
- Das sind die lieben Gänslein,
  die haben kein' Schuh'.
- Der Schuster hat's Leder,
  kein' Leisten dazu;
- Drum gehn die Gänslein barfuß
  und haben kein' Schuh'.
- Suse, liebe Suse, ist das eine Not.
- Wer schenkt mir einen Zehner
  für Zucker und Brot?
- Verkauf' ich mein Bettchen
  und leg' mich auf Stroh,
- dann sticht mich keine Feder
  und beißt mich kein Floh.

Hoppe, hoppe Reiter

- Hoppe, hoppe Reiter,
- wenn er fällt, dann schreit er!
- Fällt er auf die Steine,
- bricht er sich die Beine.
- Fällt er in die Hecken,
- holen ihn die Schnecken.
- Fällt er in den Graben,
- fressen ihn die Raben.
- Fällt er auf die Wies',
- geht's dem Reiter mies.
- Fällt er in den Sumpf,
- macht der Reiter plumps!

Guten Abend, gute Nacht

- Guten Abend, gute Nacht,
- mit Rosen bedacht,
- mit Näglein besteckt,
- schlupf unter die Deck'.

- Morgen früh, wenn Gott will,
- wirst du wieder geweckt,
- morgen früh, wenn Gott will,
- wirst du wieder geweckt.

Schlaf, Kindlein, schlaf

- Schlaf, Kindlein, schlaf,
- der Vater hüt' die Schaf',
- die Mutter schüttelt's Bäumelein,
- fällt heraus ein Träumelein,
- schlaf, Kindlein, schlaf.

Der Mond ist aufgegangen

- Der Mond ist aufgegangen,
- die goldnen Sternlein prangen,
- am Himmel hell und klar.
- Der Wald steht schwarz
  und schweiget,
- und aus den Wiesen steiget
- der weiße Nebel wunderbar.

- Seht ihr den Mond dort stehen?
- Er ist nur halb zu sehen
- und ist doch rund und schön.
- So sind wohl manche Sachen,
- die wir getrost belachen,
- weil unsre Augen sie nicht sehn.

- So legt euch denn, ihr Brüder,
- in Gottes Namen nieder,
- kalt ist der Abendhauch.
- Verschon' uns, Gott, mit Strafen,
- und lass uns friedlich schlafen
- und unsere lieben Nachbarn auch.

Erstes Gute-Nacht-Gebet

- Müde bin ich, geh' zur Ruh'.
- Schließe beide Äuglein zu.
- Vater, lass die Augen dein
- über meinem Bettchen sein.
- Alle, die mir sind verwandt,
- Herr, lass ruhn in deiner Hand.
- Alle Menschen, groß und klein,
- sollen dir befohlen sein.

4. – 6. Monat

Erste Gymnastik mit dem Baby

Babys lieben Turnen – insbesondere dann, wenn sie einen immer größeren Bewegungsdrang entwickeln, ihre eigenen motorischen Möglichkeiten aber noch begrenzt sind. Fürs Babyturnen gilt dasselbe wie für die Massage: Eltern und Baby sollten Spaß daran haben; brechen Sie ab, sobald das Baby (oder Sie) die Lust verlieren – länger als 5 bis 10 Minuten muss die „Turnstunde" anfangs nicht dauern. Das Baby darf weder müde noch hungrig sein, und im

Raum sollte eine angenehm warme Temperatur herrschen. Drängen Sie dem Baby keine einstudierten Übungen auf, sondern lassen Sie sich von den natürlichen, spontanen Bewegungsabläufen des Kindes leiten. Legen Sie das Baby nackt auf den Wickeltisch oder auf eine weiche Decke auf den Boden, und nehmen auch Sie eine bequeme Position ein.

Rad fahren. Umfassen Sie oberhalb des Fußgelenks die Beinchen, und

Ziehen Sie Ihr Baby behutsam in den Sitz ...

unterstützen Sie behutsam die Strampelbewegungen des Babys, solange es Spaß daran hat.

Füße patschen. Spreizen Sie sehr vorsichtig die Beine des Babys, und klatschen Sie sanft die Fußsohlen aneinander. Wahrscheinlich reagiert Ihr Baby mit Gurren und Lachen auf dieses Spiel.

Sanftes Wiegen. Winkeln Sie nun die Knie des Babys an, und schieben Sie sie vorsichtig in Richtung Brust, so dass eine Wiegebewegung entsteht.

Arme kreuzen. Umfassen Sie die Arme des Babys oberhalb der Handgelenke, und bringen Sie die Arme über seinem Brustkorb zusammen; dann wieder nach außen führen.

Hochziehen. Bieten Sie dem Baby beide Daumen an, sodass es sie umfassen kann. Dann umschließen Sie seine Hände und ziehen es ein Stückchen nach oben; das Baby wird den Kopf anheben und die Bauchmuskeln anspannen. Nach wenigen Sekunden lassen Sie das Baby wieder zurücksinken.

... und stellen Sie es – wenn es mag – auf die Füße.

4. – 6. Monat

Geistige und emotionale Entwicklung

Bekanntes von Fremdem unterscheiden

Im 2. Vierteljahr entwickelt das Baby sein gegen Ende des 3. Monats entdecktes „soziales Lächeln" fort; doch gegen Ende des 6. Lebensmonats ändert sich sein Verhalten plötzlich: Das Kind, das noch einige Tage zuvor wildfremde Menschen mit seinem Lächeln bezaubert hat, reagiert nun Unbekannten gegenüber zurückhaltend bis ängstlich-

◆ *Rituale schaffen Vertrauen: Nach dem 1. Vierteljahr ist es an der Zeit, an feste Rituale zu denken. Diese immer wiederkehrenden Handlungen oder Abläufe geben dem Baby enorme Sicherheit und*

Mit jedem Tag wächst das Vertrauen zwischen Eltern und Baby; die Eltern sind die wichtigsten Bezugspersonen, die „Lehrer", Vorbilder und natürlich auch Spielpartner des Kindes

ablehnend; angestrahlt werden
nur noch vertraute Personen.
Kommt dem Baby ein – wenn
auch noch so wohlmeinender –
Unbekannter zu nah, gerät es oftmals sogar regelrecht in Panik.

Diese unter dem Begriff „Fremdeln" bekannte Abgrenzungs-
phase ist für die Entwicklung des
Babys von größter Bedeutung,
denn in diesem Zusammenhang
entdeckt es zum ersten Mal so
etwas wie ein „Ich-Gefühl" – es
will bewusst die Grenze zwischen
sich und anderen Personen ziehen und Distanz schaffen, um
„die anderen" zunächst aus der
Entfernung kennen zu lernen.

Das Baby hat jetzt viel Spaß an
Lauten und variiert bereits Tonhöhe
und Lautstärke

4. – 6. Monat

Hand in Hand mit der Fremdelphase geht bei den meisten Babys
die typische Trennungs- oder Ver-
lassensangst einher. Das Kind
weint, sobald seine Bezugsperson
aus dem Blickfeld verschwindet
bzw. den Raum verlässt, auch
wenn es nur für Sekunden ist.
Diese Angst zeugt von einer tiefen
emotionalen Bindung zwischen
Baby und Bezugsperson; jede
noch so kurze Trennung von den
heißgeliebten Eltern ruft im Kind
ein Gefühl der Einsamkeit hervor
– umso mehr, als das Erinnerungs-
vermögen des Babys noch nicht so

festigen sein Vertrauen in die
Welt. Meistens ergeben sich die
Rituale im Familienalltag automa-
tisch: eine liebevolle Massage am
Nachmittag, ein bestimmtes Fin-
ger- oder Kitzelspiel beim Wickeln,
das gelbe Qietschentchen, das
beim Baden am großen Fußzeh
„pickt", ein kleines Lied oder das
Aufziehen der Spieluhr vor dem
Einschlafen ... Besonders wertvoll
sind oftmals die jeden Abend wie-
derkehrenden Einschlafrituale, die
auch älteren Kindern das Zubett-
gehen und Einschlafen erleichtern
– besonders nach turbulenten

65

weit reicht, um ihm zu sagen, dass Mama oder Papa wieder- kommt.

„Mama!"

Im 2. Vierteljahr findet das Baby immer größere Freude am Spiel mit Lauten. Ganz unabhängig von der Muttersprache bilden alle Babys dieser Welt nun die Silben „ba", „ga", „da", „am" und „ma". Sie sind sogar schon in der Lage, Tonhöhe und Lautstärke zu vari- ieren, sodass kleine „Melodien" zustande kommen. Sollte Ihr Baby nun ein zufälliges „mama" von sich geben, dürfen Sie sich natür- lich freuen, sind aber noch nicht als Mutter angesprochen ...

Ebenso wie das Baby mit Lauten spielt, um eigene Erfahrungen

Tagen kehrt so schnell wieder Ruhe ein.

◆ *Magie der Wörter: Für das Kind haben Wörter Magie – es mag ihren Rhythmus, ihren Klang, ihre Melodie. Vielleicht sehen Kinder intuitiv eine Verbindung zwischen Klang und Namen, zwischen Melo- die und Bedeutung – eine Sicht- weise, die vielen von uns Erwach- senen möglicherweise abhanden gekommen ist. Der Sinn für die Sprache, in der jeder Vokal, jeder Konsonant eine bestimmte Eigen- schaft hat, ist bei Kindern leben- dig. Deshalb lieben Kinder Reime – auch oder gerade solche, deren Bedeutung uns seltsam erschei- nen mag. Allein weil der Klang so*

Keine Scheu vor „kindischem" Verhalten!

Besser und lustiger als sämtliche Spiele mit pädagogischen Hinter- gedanken ist alles, was Eltern au- tomatisch tun, wenn sie mit ihrem Baby spielen. Hören Sie auf Ihre Ge- fühle, wenn Sie mit Ihrem Kind zu- sammen sind, und lassen Sie Ihrer Phantasie freien Lauf: kitzeln und necken Sie das Kleine, singen Sie, summen Sie, erfinden Sie „alberne" Reime, „dumme" Lieder, „kindische" Spielchen; schneiden Sie nach Her- zenslust Grimassen. Jede Sekunde, die Sie sich Ihrem Kind gegenüber öffnen, wird belohnt – vielleicht nicht sofort, doch irgendwann...

Angst vor Unbekannten

Gegen Ende des ersten halben Jahres beginnt die „Fremdelphase" – das Baby ist nun in der Lage, vertraute Gesichter von unbekannten zu unterscheiden. Vielen Eltern ist es peinlich, wenn das Baby ablehnend auf Oma und Opa oder andere Verwandte reagiert, die es nur selten zu Gesicht bekommt. Doch handelt es sich bei diesem Verhalten weder um bewusste Antipathie gegen die betreffenden Personen noch um „unsoziales" oder gar bösartiges Verhalten, sondern um eine ganz normale, altersgemäße Reaktion auf Fremdes. Die Eltern sollten dieses Verhalten respektieren und das Baby keinesfalls drängen, sich gegenüber den fremden Personen „lieb und freundlich" zu verhalten, geschweige denn das Kleine gegen seinen Willen in die Arme der Unbekannten geben. Lassen Sie Ihrem Kind stattdessen Zeit und geben Sie ihm die Möglichkeit, zunächst aus der sicheren und beruhigenden Entfernung mit den anderen Menschen vertrauter zu werden – schließlich wird die kindliche Neugier siegen!

mit Sprache zu sammeln, ist es nun in der Lage, einen strengeren Tonfall von einem sanfteren zu unterscheiden. Wird es harsch angesprochen, verändert sich seine Mimik merklich; das Kind beginnt, verschiedene Verhaltensweisen zu registrieren und zu differenzieren.

Erster Schritt zum Ich

Es ist sehr interessant zu beobachten, wie das Baby im Lauf seiner ersten Lebensmonate auf sein eigenes Spiegelbild reagiert. Mit

magisch wirkt. Erfinden Sie doch einfach Phantasieverse – und noch größeren Spaß wird Ihr Baby haben, wenn Sie seinen Namen, den es allmählich erkennt, in die Reime einbauen!

◆ ***Das Kind beim Namen nennen**
Es wird nun immer wichtiger, dass Sie das Kind bei allen sich bietenden Gelegenheiten bei seinem Vornamen nennen. Denn allmählich bildet sich bei ihm ein Gefühl für die eigene Persönlichkeit, für sein eigenes Selbst, und außerdem reagiert das Kind nun auch*

4. – 6. Monat

4. – 6. Monat

Sinnvolles Spielzeug im 2. Vierteljahr

Materialien und Oberflächen

- Kleine Stoffbeutel, die mit Schaumstoffflocken, Bohnen, Reis etc. gefüllt sind
- Seidenpapier zum Rascheln und Knistern
- Unterschiedlich große Bommeln oder Troddeln aus Wolle
- Hölzerne Garnspule
- Stück Eierkarton
- Bunte Plastiklöffel
- Kleiner Schneebesen
- Tücher aus unterschiedlichen Materialien: Baumwolle, Seide, Wolle, Frottee, Samt

Wichtig: Stoffstücke und -tücher sollten ein kleines Format haben, sodass sich das Baby nicht darin verwickelt; achten Sie darauf, dass sich das Kind nicht an dem Seidenpapier verschluckt, falls es daran lutscht.

Prinzipiell gilt: Das Baby ist nun sehr daran interessiert, alles, aber auch alles, was ihm in die Finger kommt, auch mit dem Mund zu erkunden; stellen Sie sich darauf ein: Wählen Sie ab- bzw. waschbares Spielzeug, und achten Sie darauf, Ihrem Kind eine Vielfalt unterschiedlicher Materialien anzubieten.

etwa 2 Monaten ignoriert es noch den kleinen Wicht, der ihm da entgegenschaut, doch bereits im 3. Lebensmonat registriert es, dass da noch „jemand" ist, und nimmt den kleinen „Fremdling" zumindest zur Kenntnis. Im 4. bis 5. Lebensmonat beglückt es sein Spiegelbild, also sich selbst, mit genau dem strahlenden Lächeln, das es auch allen anderen Personen in seiner Umgebung schenkt. Doch bereits gegen Ende des 6. Lebensmonats reagiert es auf das Gesicht im Spiegel ebenso skeptisch bis ablehnend wie auf alle anderen Unbekannten. Trotz allem gesellt sich zu der Skepsis eine gehörige Portion Neugier und Forscherdrang: Bei aller offenkundigen Ablehnung greift das Baby nach dem Spiegel und versucht, das „unbekannte" Gesicht zu betasten.

schon, wenn es seinen Namen hört. Sprechen Sie viel und durchaus ernsthaft mit Ihrem Kind, erkundigen Sie sich nach seinem Wohlbefinden, nach seinen Wünschen und Bedürfnissen. Begleiten Sie Ihre Rede ruhig mit ausgepägter Mimik – umso besser kann Ihr Kind den Inhalt Ihrer Worte verstehen. Natürlich sollten Sie unmittelbar auf die Wünsche und Willensäußerungen Ihres Kindes reagieren – es muss sich in seinen Belangen respektiert fühlen! Es sollte für Sie nun auch selbstverständlich werden, dass Sie anderen Personen Ihr Kind vorstellen, denn auf diese Weise vermitteln Sie ihm das Gefühl, „wer" zu sein.

4 – 6 Monat

Das 3. Vierteljahr

Die Zeit des Erforschens

Der kleine Mensch hat nun 6 Monate lang die Welt um sich herum beobachtet und erstes Selbstbewusstsein gesammelt – dies wird das Baby brauchen, wenn jetzt eine weitere, für seine Entfaltung ganz entscheidende Fähigkeit hinzukommt: die zunehmende Mobilität. Mit etwa 7 Monaten machen die meisten Babys die ersten erfolgreichen Fortbewegungsversuche. Gegen Ende des 3. Vierteljahrs richtet sich das Baby auf. Der Bewegungs- und Erforschungsdrang kennt nun keine Grenzen mehr – große Welt, ich komme!

Körperliche Entwicklung

Motorik und Feinmotorik

Bewegung. Das Baby ist deutlich mobiler geworden; es bleibt nun nicht mehr in Rückenlage, sondern dreht sich über beide Seiten. Reicht man ihm die Hände, zieht es sich selbstständig hoch. Im Lauf des 7., 8. Monats bleibt es selbstständig sitzen, wobei es jedoch zunächst noch einen Rundrücken hat; erst im Lauf des 8. Monats streckt es den Rücken. Die seitliche Aufrichtung wird nun bei den meisten Babys immer beliebter. Auf den Ellbogen gestützt,

Der Bewegungs- und Forscherdrang Ihres Babys kennt keine Grenzen mehr!

◆ *Hoppe, hoppe Reiter: Sitzt das Kind über einen längeren Zeitraum stabil, ist die Zeit der beliebten „Kniereiter" gekommen; die meisten Kinder können davon gar nicht genug bekommen und drücken ihr Vergnügen in fröhlichem Juchzen und Lachen aus. Setzen Sie Ihr Baby vor sich auf die Knie, sodass Sie Blickkontakt zu ihm herstellen können, halten Sie es an den Unterarmen fest, und bewegen Sie rhythmisch die Beine. Dieses Wippen fördert den Gleichgewichtssinn des Kindes; temperamentvolle Bewegungen wirken*

7. — 9. Monat

richtet das Kind den Rumpf seitlich auf und hält in dieser Position bereits gut das Gleichgewicht. Der Kopf des Kindes dreht sich nach beiden Seiten; das Baby gewinnt auf diese Weise einen beachtlichen Blickradius. Den freien Arm hebt das Kind hoch über den Kopf in die Luft und agiert damit nach Belieben.

Im 8. Monat bringt sich das Kind selbstständig in den Vierfüßlerstand – und beginnt zu krabbeln; es hat ganz offensichtlich große Freude an der neu erlernten Aktivität und übt sie ausgiebig aus! Ist es müde, gibt es die Krabbelstellung auf und geht in seitliche Sitzposition. Im 9. Monat bleibt das Baby kaum noch in der „langweiligen" Rücken- oder Bauchlage. Spätestens jetzt sitzt es stabil; gerät es aus dem Gleichgewicht, kann es mit angemessenen Gegenbewegungen reagieren. Vielleicht entdeckt Ihr Kind jetzt, dass es sich auch sitzend auf dem Po fortbewegen kann – es gibt sogar Kinder, die diese Art der Fortbewegung dem Krabbeln vorziehen und erst sehr spät oder gar nicht krabbeln, was kein Grund zur Besorgnis ist; etwa 20 % aller Kinder „überspringen" das Krabbeln und laufen sofort.

Erste „Turnübungen" fördern den Gleichgewichtssinn des Babys

stimulierend, sanfte Bewegungen eher beruhigend.

Spielen Sie beim Aufsagen der Verse mit Ihrer Stimme: Das Baby übt nun selbst mit seiner Stimme unterschiedliche Klangmodulationen und Lautstärken und freut sich, wenn es durch Sie zusätzliche Anregung erfährt.

◆ ***Den Gleichgewichtssinn fördern***
Ausgesprochen beliebt sind bei den meisten Babys und Kleinkindern Turnübungen auf dem großen Gymnastikball. Legen Sie Ihr Kind vorsichtig mit dem Bauch darauf, umfassen Sie es an den Knien, und lassen Sie es ein Stück

7. – 9. Monat

73

Kniereiter für jedes Temperament

- Hoppe, hoppe Reiter,
  wenn er fällt, dann schreit er.
  Fällt er in den Graben,
  fressen ihn die Raben.
  Fällt er auf die Steine,
  bricht er sich die Beine.
  Fällt er in die Hecken,
  beißen ihn die Schnecken.
  Fällt er in den Sumpf,
  macht der Reiter ... plumps!
  (Das Gewicht des Kindes mehr
  oder weniger leicht nach hinten
  verlagern.)

- Eine kleine Dickmadam
  fuhr so gerne Eisenbahn.
  Eisenbahn, die krachte,
  Dickmadam, die lachte.
  Lachte, bis der Schaffner kam
  und sie auf die Wache nahm.

- So reiten die Damen
  (sanfter Trab),
  so reiten die Herren
  (gesteigertes Tempo),
  so reiten die Soldaten
  (zackiger Trab),
  so reitet der Bauer
  (langsame, holprige Gangart, bei
  der das Baby in alle vier Richtun-
  gen gewiegt wird; auch die Stim-
  me den Gangarten anpassen).

- Backe, backe Kuchen,
  der Bäcker hat gerufen.
  Wer will guten Kuchen backen,
  der muss haben sieben Sachen:
  Eier und Schmalz,
  Zucker und Salz,
  Milch und Mehl.
  Safran macht den Kuchen gehl.
  Schieb, schieb in Ofen rein.

- Hopp, hopp, hopp, zu Pferde,
  wir reiten um die Erde.
  Die Sonne folget hinterdrein,
  wie wird sie abends müde sein.
  Hopp, hopp, hopp.

- Große Uhren machen
  tick-tack, tick-tack.
  Kleine Uhren machen
  ticke-tacke, ticke-tacke.
  Und die kleinen Taschenuhren
  ticke-tacke-ticke-tacke-
  ticke-tacke-tick!
  (Das Tempo von gemächlich
  bis hin zu schnell steigern.)

- Hopp, hopp, hopp,
  Pferdchen, lauf Galopp.
  Springe über Stock und Steine,
  aber brich dir nicht die Beine,
  hopp, hopp, hopp,
  Pferdchen, lauf Galopp.

Viele neue Eindrücke erfreuen das Baby und fördern die Entwicklung

In Sachen Krabbeln hat das Kind nun eine beachtliche Geschicklichkeit entwickelt und erreicht ein erstaunliches Tempo – spätestens jetzt sind für Eltern die ruhigen Zeiten vorbei. Das Kind hat nun einen ausgeprägten Willen und lässt sich alles Mögliche einfallen, um an begehrte Gegenstände heranzukommen. Gleichzeitig zieht sich das Kind an allen sich bietenden Gegenständen hoch, um aufrecht zu stehen – das kann natürlich auch das Tischtuch sein (siehe dazu „Sicherheit an erster Stelle", Seite 78).

nach vorn abrollen, bevor Sie es wieder nach hinten ziehen (dabei immer gut festhalten!). Alternativ halten Sie Ihr Baby am Po und wiegen es sanft nach beiden Seiten oder auch im Kreis umher. Sitzt das Kind bereits stabil, führen Sie diese Übungen im Sitzen aus, während Sie das Kind an den Händen fest halten. Diese Bewegungsübungen sollten nicht nach einer Mahlzeit durchgeführt werden!

◆ ***Spaß an Bewegung***
So wie das Neugeborene sanftes Hin- und Herwiegen liebt, weiß das schon etwas ältere Baby temperamentvolleres Wippen, Schaukeln und Drehen zu schätzen.

Schaukeln in der Hängematte. *In einem großen Badetuch, einem Bettlaken oder einer Wolldecke können Sie Ihr Baby hin- und herschaukeln – je nach Laune und Temperament heftiger oder sanfter.*

Flugzeug spielen. *Halten Sie das Baby in Bauchlage auf Ihrem ausgestreckten Arm, und lassen Sie es im Kreis herum „fliegen" (am besten allerdings nicht unmittelbar nach einer Mahlzeit). Besonders geschätzt werden brum-*

7. – 9. Monat

75

Ein großer Moment: Das Kind hält sich selbstständig in der Vertikalen

Ist es dem Kind gelungen, sich an Möbelstücken aufzurichten, dauert es nicht mehr lange, bis es sich daran entlanghangelt.

Greifen. Das Kind greift nun auch gezielt mit beiden Händen gleichzeitig nach Gegenständen; seine Bewegungen sind bereits erstaunlich koordiniert und geschickt. Das Kind fixiert beim Greifen die

mende Motorengeräusche als Untermalung.

__Auf dem Gymnastikball hopsen.__ Nehmen Sie Ihr Baby auf den Schoß, und hopsen Sie auf dem Gymnastikball auf und ab – vor dem Zubettgehen mit weniger Schwung und Tempo als untertags.

__Babyschaukel.__ Der Spielwarenhandel bietet Babyschaukeln an, die sich in jedem Türrahmen befestigen lassen.

__Erstes Schaukelpferdchen.__ Schon für die Kleinsten sind niedrige Schaukeltiere aus weichem Schaumstoffmaterial erhältlich.

◆ *__Kinder lieben Matschen__*
Auch wenn Ihr Kind nun schon recht gezielt nach Gegenständen greifen kann, hat es gegen Ende des 9. Monats Riesenspaß am Matschen. Im Sommer rühren Sie ihm im Sandkasten dicken Sandbrei an, den es mit Schäufelchen und Förmchen bearbeiten kann; ansonsten stellen Sie aus Mehl, Salz und Wasser Salzteig her, den es mit Fingern und Hand nach Herzenslust erforschen, pieksen, kneten, zupfen, betasten kann – ganz so, wie seine Sinne und seine Phantasie es ihm vorgeben. Diese

Schaukeln: „Fast wie fliegen ..."

Gegenstände und äußert, nachdem es sie betastet und untersucht hat, sein Ge- bzw. Missfallen.

Das Kind ist nun auch in der Lage, über seine Körpermitte hinweg – also von rechts nach links oder umgekehrt – zu greifen; dabei verlagert es sein Gewicht seitlich. Auch gelingt es ihm, gleichzeitig in jeder Hand einen Gegenstand zu halten. Hält es bereits einen Gegenstand und bietet man ihm einen zweiten an, greift es mit der freien Hand nach diesem, ohne den ersten loszulassen. Das Kind sollte mit beiden Händen gleich gut greifen können.

Lust am Matschen, am Spiel mit Erde, Sand, Wasser und Schlamm, wird das Kind in den folgenden Jahren beibehalten.

So gelingt der Salzteig

Mischen Sie 3 Teile Mehl mit 1 Teil Salz und geben etwas Wasser zu. Der Teig kann sofort verarbeitet werden. Die Backzeit (bei 150° C) der Figuren ist abhängig von ihrer Dicke. Wenn sie sich leicht bräunen, sind sie fertig.

7. – 9. Monat

Sicherheit an erster Stelle

Vor kurzem lag Ihr Baby noch scheinbar hilflos in seinem Bettchen oder auf der Krabbeldecke, und nur wenige Wochen später ist es so mobil, dass Sie ihm auf seinen Erkundungstouren kaum noch folgen können. Es richtet sich an Möbelstücken auf (das kann auch der Herd sein, auf dem gerade die Nudeln kochen!). Allerspätestens jetzt sollten Sie Ihre Wohnung, Ihren Balkon oder Garten kindersicher machen.

- Sichern Sie alle Steckdosen mit den Plastikplättchen, die in Elektrogeschäften und Kaufhäusern erhältlich sind.

- Sichern Sie Treppen im Haus mit Treppengittern.

- Prüfen Sie Stellen wie Fenster und Balkone, von denen das Kind herunterfallen könnte.

- Achten Sie darauf, dass das Kind nicht den Kopf zwischen Stäben bereits vorhandener Gitter hindurchstecken kann.

- Bewahren Sie Medikamente, Reinigungsmittel, Chemikalien, Alkohol und Zigaretten für das Kind absolut unzugänglich auf; für den Ernstfall sollten Sie in der Nähe des Telefons stets die Notrufnummer bzw. die Nummer des Kinderarztes, der Giftzentrale etc. bereithalten.

- Drehen Sie Griffe und Henkel von Töpfen und Pfannen auf dem Herd nach hinten; nützlich sind auch Herdgitter.

- Messer, Scheren, Gefäße mit heißem Inhalt (schon eine Tasse mit einem heißen Getränk kann großen Schaden anrichten; gilt umso mehr noch für die Kaffeemaschine) nie dicht an Tischkanten stellen oder legen, sondern immer weit nach hinten schieben.

- Plastiktüten und ähnliches Verpackungsmaterial außer Reichweite des Kindes aufbewahren – Erstickungsgefahr!

- Elektrogeräte (etwa den Föhn oder den Rasierapparat im Bad) immer sofort nach Gebrauch aus der Steckdose ziehen und für das Kind unzugänglich aufbewahren.

- Unter Teppiche rutschhemmende Schaumstoffgitter legen.

- Sichern Sie spitze Möbelecken mit abgerundeten Kunststoffkappen.

- Verzichten Sie auf Tischdecken – einem herabbaumelnden Tischtuchzipfel kann kein neugieriges Kleinkind widerstehen, was sich besonders fatal auswirken kann, wenn der Tisch gedeckt ist.

- Prüfen Sie, ob sich unter Ihren Zimmer- oder Gartenpflanzen giftige Arten befinden – der Gärtner gibt sicher gern Auskunft. Auch bedornte bzw. bestachelte Pflanzen und Pflanzen mit lang herabhängenden Trieben gehören außer Reichweite von kleinen Kindern.

- Vergessen Sie auch den Garten nicht: Gartenteich sichern, keine Geräte herumliegen lassen, Dünger und Pflanzenschutzmittel unzugänglich aufbewahren.

Diese Liste möglicher Gefahrenquellen ist sicher nicht vollständig; gehen Sie am besten „mit den Augen eines Kindes" bzw. auf allen vieren durch die Wohnung, um alle unsicheren Stellen aufzuspüren.

7. – 9. Monat

Geistige und emotionale Entwicklung

Munteres Plappern und Selbstgespräche

Das Kind bildet immer mehr Doppelsilben, hat großen Spaß am Plappern und hält vergnügte Selbstgespräche. Etwa im 9. Monat entdeckt es die Möglichkeit, seine Stimme zu modulieren; es beginnt zu flüstern und weitere Klangvariationen auszuprobieren. Auf Anregungen reagiert es erfreut; es versucht zu imitieren, was man ihm vorspricht.

„Guck-guck – da!"

Ihr Kind wird vor Freude jauchzen, wenn Sie mit ihm „Guck-guck" spielen. Entweder verstecken Sie Ihr Gesicht (zum Beispiel hinter den Händen oder einer Zeitung) und lassen es unverhofft mit dem Ausruf „Guck-guck – da!" auftauchen, oder Sie bedecken den Kopf des Babys für einen kurzen Moment mit einem dünnen Tuch, rufen „Guck-guck" und ziehen dann das Tuch weg. Das Baby lernt auf diese Weise spielerisch Nähe und Distanz kennen.

◆ *Grenzen setzen – konsequent, aber nicht unumstößlich: Das Kind grenzt sich von der Umwelt ab, entdeckt sein eigenes Ich, ist nun allmählich in der Lage, komplexe Zusammenhänge wie „Wenn ich dies tue, geschieht jenes" zu begreifen und selbst auszuprobieren. Außerdem kann das Kind nun unterschiedliche Reaktionen einschätzen; es versteht sehr wohl, ob die Eltern erfreut oder ärgerlich reagieren: alle Voraussetzungen, nun die ersten Grenzen zu setzen – eine Sache, die manchmal mühsam und aufreibend sein kann, doch unumgänglich und im Interesse Ihres Kindes ist.*

Es ist heute unbestritten, dass Kinder Grenzen brauchen, dass sie die allgemein gültigen Spielregeln lernen müssen, um nicht später als Außenseiter dazustehen. Grenzen geben Kindern ein Gefühl der Sicherheit; sie definieren den Raum, in dem sie sich frei bewegen können. Ab einem gewissen Punkt bedeutet Erziehung also mehr, als Liebe und Geduld aufzu-

Im Vordergrund steht nun das Vertiefen bereits hinzugewonnener Fähigkeiten. Durch Blicke, Lächeln und Geräusche nimmt das Kind im 8. Monat immer bewusster und gezielter Kontakt mit der Umwelt auf; auf Unbekannte reagiert es möglicherweise mit „Fremdeln". Sein Interesse an der Umwelt wird immer ausgeprägter und spezifizierter. Es kann gezielt die Personen auswählen, mit denen es kommunizieren möchte, und versteht ab dem 9. Monat auch schon einfache Fragen. Allmählich begreift es auch die Bedeutung des Wörtchens „nein".

Neugierig erforscht das Kind alle Gegenstände des täglichen Lebens

bringen – es geht darum, Grenzen zu bestimmen, auch Grenzen zwischen sich und dem Kind, Grenzen zwischen den Interessen des Kindes und denen der Eltern. Das ist wichtig, um zum einen das Kind als Persönlichkeit zu respektieren und zum anderen sich selbst als Mutter oder Vater nicht in die Rolle des allzeit Opferbereiten zu begeben – auch hierzu bedarf es klarer Grenzen und Spielregeln im Familienalltag. Ebenso wie sich die Kinder von den Eltern abnabeln, müssen sich die Eltern auch von ihrem Kind lösen.

Regeln sind Gerüste, die Kindern Halt bieten, die ihnen – auch wenn der Gedanke im ersten Augenblick widersinnig erscheinen mag – ein Gefühl der Sicherheit und Geborgenheit vermitteln. Es ist wichtig, dass Eltern ihren Kindern diese Spielregeln mit Konsequenz vermitteln; mit inkonsequentem, unberechenbarem Verhalten verwirrt man Kinder zutiefst.

Doch Vorsicht: Verwechseln Sie Konsequenz nicht mit Härte und Unnachgiebigkeit – es muss Eltern in jedem Augenblick möglich sein, eigene Fehler einzugestehen und Kurskorrekturen durchzuführen. Es ist ein Zeichen von Schwäche,

Spielsachen sollten strapazierfähig und abwaschbar sein

Im 2. Lebenshalbjahr ist das Baby in der Lage, durch Taktieren eine gewünschte Situation herbeizuführen – nun beginnt die „Erziehung"!

Das Kind hat in diesem Alter sichtlich Spaß am Lernen; besonders schnell erlernt es alle Verhaltensweisen, die es ihm ermöglichen, seinen Wirkungskreis zu erweitern. Vieles möchte es nun allein machen, und mehr als zuvor hängt es von den Eltern ab, in welchem Maß das Kind selbstständig Erfahrungen machen darf. Natürlich muss das Kind vor ernsten Gefahren und Verletzungs-

nicht etwa von Stärke, auf einmal getroffenen Entscheidungen zu beharren. Ein Beispiel: der Rhythmus im Tagesablauf Ihres Kindes verändert sich. Das immer wacher werdende Baby braucht keinen zusätzlichen Schlaf am späten Nachmittag mehr; es liegt nun wach in seinem Bettchen und denkt gar nicht ans Einschlafen.
Irgendwann beginnt es zu weinen und nach Ihnen zu rufen. Bestehen Sie nun auf diesem Schläfchen am späten Nachmittag, obwohl sich dessen Notwendigkeit erübrigt hat, kommt es zu überflüssigen Auseinandersetzungen. Passen Sie stattdessen lieber den Tagesablauf des Kindes seinen veränderten Bedürfnissen an.

◆ *Erste „Lese"-Erfahrungen: Ihr Kind wird jetzt beginnen, sich für Bücher zu interessieren. Sie sollten aus dicker Pappe, Holz, Stoff (zum Kuscheln) oder Kunststoff (für die Badewanne) sein, damit sie nach Herzenslust und mit allen Sinnen erforscht werden können. In dem Buch sollten einfache Gegenstände abgebildet sein, die Ihr Kind aus seinem täglichen Leben kennt: Obst, Spielsachen, Tiere, Auto, Haus etc. Die Zeichnungen sollten klar konturiert und in kräftigen Farben gezeichnet sein.*

7. – 9. Monat

quellen geschützt werden, doch andererseits sollte es so viele Erfahrungen wie möglich machen dürfen.

Mit etwa 7 Monaten erkennt das Baby seinen eigenen Namen und reagiert, wenn es ihn hört – ein

Kommentieren Sie die Bilder; erfinden Sie kurze Geschichten zu den abgebildeten Dingen: „Das ist ein runder, roter, saftiger Apfel, der schmeckt allen Kindern gut, und auch dem kleinen Wurm, der da so frech rausschaut!"

Hurra – das erste Zähnchen ist da!

Nun kommt das erste Zähnchen – doch keine Angst, es muss nicht unbedingt schmerzhaft sein: bei vielen Kindern bricht der erste Zahn sogar unbemerkt durch. Zuerst erscheinen die beiden unteren Schneidezähne, kurz darauf die vier oberen Schneidezähne, anschließend die beiden noch fehlenden unteren. Erste Anzeichen für das bevorstehende Durchbrechen können vermehrter Speichelfluss, nächtliche Unruhe, leichter Durchfall, etwas Fieber, erhöhte Anfälligkeit gegenüber Infekten und allgemeine Reizbarkeit sein. Die Schneidezähne verursachen jedoch in der Regel weniger dramatische Unpässlichkeiten als die im 2. Lebensjahr folgenden Eck- und Backenzähne. Falls das Baby dennoch mit den ersten Zähnchen zu kämpfen hat: Geben Sie ihm ein Stück Brotrinde oder Zwieback, Karotten- oder Apfelstücke zum Beißen (allerdings niemals im Liegen – es könnte sich verschlucken!); massieren Sie den gereizten Gaumen des Kindes mit Kamillentee.

Achtung: Kühl-Beißringe gehören nicht ins Tiefkühlfach (dort werden sie viel zu kalt und können dem Gaumen des Babys Schaden zufügen!), sondern nur in den Kühlschrank. Auch Homöopathika können das Zahnen erleichtern.

Um Ihr Kind schon früh an Zahnpflege zu gewöhnen, können Sie die ersten Zähnchen vorsichtig mit Wattestäbchen reinigen. Lassen Sie Ihr Kind außerdem zuschauen, wenn Sie sich selbst die Zähne putzen – bald wird es seine eigene kleine Zahnbürste haben wollen.

weiteres Zeichen für die Ausprägung des Ich-Gefühls.

Die Gefühle des Kindes

Vom ersten Augenblick an ist im Menschen eine Gefühlswelt lebendig. Dieses emotionale Sein ist eng – viel enger, als es den meisten von uns bewusst ist – mit körperlichen Vorgängen verknüpft: So drücken sich Gefühle durch die Atmung aus und werden gleichermaßen durch sie getragen; der Herzschlag reagiert auf Emotionen – der Rhythmus von Herz und Lunge ist also den Gefühlen, die wir in uns tragen, unterworfen. Auch der Blutkreislauf ist eng mit Gefühlen verknüpft – bei uns Erwachsenen wird dies beispielsweise deutlich, wenn wir in bestimmten emotionalen Situationen erröten oder erblassen. Doch wie gesagt: Auch im Baby sind bereits Emotionen wach. Bis das Kind sprechen und seine Gefühle unmissverständlich artikulieren kann, ist es darauf angewiesen, dass die Erwachsenen in seiner Umgebung mit viel Sensibilität und Beobachtung auf seine Emotionen eingehen. Die Weise, in der Sie die Gefühlswelt Ihres Kindes anerkennen, wird sein gesamtes emotionales Sein

◆ *Partnerschaft zwischen Eltern und Kind: Respektieren Sie schon früh Willensäußerungen Ihres Kindes. Das bedeutet natürlich nicht, dass Sie Ihrem Kind jeden Wunsch von den Augen ablesen und noch im selben Augenblick erfüllen – damit würden Sie Ihrem Kind sicherlich keinen Gefallen erweisen. Respekt vor den gefühlsmäßigen Bedürfnissen des Kindes bedeutet vielmehr, seine emotionalen Wünsche und Forderungen ernst zu nehmen, sie als Ihren Bedürfnissen gleichrangig zu betrachten und auf dieser Grundlage Prioritäten zu setzen, von Situation zu Situation eine Reihenfolge zu bestimmen, so zu vermitteln, dass jeder – sowohl die Eltern als auch das Kind – zu seinem Recht kommt. Sie sind als Mutter bzw. Vater sozusagen der unparteiische Vermittler zwischen Ihren eigenen Bedürfnissen und denen Ihres Kindes – das ist sicher nicht immer einfach und birgt naturgemäß Konflikte in sich. Doch ist man sich dieser besonderen Konstellation erst einmal bewusst geworden, kann die tagtägliche Umsetzung, das Abwägen zwischen Ihren eigenen Interessen und denen Ihres Kindes, erstaunlich gut gelingen.*

Gemeinsam spielen, gemeinsam lachen:
Auch so entsteht Zusammengehörigkeits-
gefühl

bestimmen. Je gleichberechtigter
und partnerschaftlicher sich die
emotionalen und sonstigen Bedürfnisse von Eltern und Kind
von Anfang an gegenüberstehen,
desto erfüllender werden sich die
Beziehungen innerhalb der Familie gestalten, desto stabiler und
tragfähiger wird das Band zwischen Eltern und Kind und desto
eigenbestimmter und ausgeglichener kann das Kind heranreifen. Es
ist unbestritten, dass selbstbe-
wusste Kinder und Jugendliche
wesentlich weniger anfällig für
gefährliche Versuchungen sind
als unsichere, unselbstständige
Menschen.

*Es ist wichtig, das Kind niemals
und insbesondere nicht über Gefühle zu manipulieren und beispielsweise die elterliche Liebe
niemals als Druckmittel einzuset-
zen, d. h. mit Liebesentzug zu dro-
hen, um das Kind zu einer bestimmten Verhaltensweise zu
bewegen. Auch die elterlichen Gefühle sollten nie als „Argument"
dienen, etwa nach dem Schema:
„Wenn du deinen Brei nicht auf-
isst, ist Mami aber traurig." Dieses
Thema wird sich Ihnen im tagtägli-
chen Leben vielleicht noch nicht
jetzt, sondern erst dann stellen,
wenn Ihr Kind noch selbstständi-
ger wird, doch ist es für Eltern
sinnvoll, ihre Verhaltensmuster
schon früh zu überprüfen und ge-
gebenenfalls neu auszurichten.*

7. – 9. Monat

Essen – auch ein sinnliches Vergnügen!

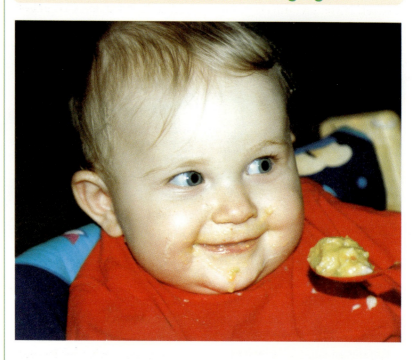

Sobald das Baby stabil sitzt, kann es in seinem Hochstuhl an den Mahlzeiten der anderen Familienmitglieder teilnehmen und diese als schöne gemeinsame Erfahrung begreifen. Im 2. Lebenshalbjahr sollte man das Kind Schritt für Schritt an normale Kost gewöhnen; natürlich ist (Mutter-)Milch noch ein sehr wichtiger Bestandteil seines Speiseplans, doch findet es immer größeren Gefallen an fester Nahrung. Eines sollten Eltern jedoch nicht vergessen: Kinder müssen Essen als sinnliches Vergnügen begreifen dürfen, und dazu gehören Matschen und reichlich Tasterfahrungen! Ebenso wie das Kind seine Spielsachen durch „Be-greifen" kennen lernt, erforscht es auf diese Weise auch die Nahrungsmittel. Das ist vollkommen natürlich und bedeutet nicht, dass Ihr Kind die Speisen geringschätzt oder gar

7. – 9. Monat

missachtet – im Gegenteil: es bekundet so sein Interesse und seine Wertschätzung. Legen Sie eine abwaschbare Wachstuchdecke unter den Hochstuhl, und binden Sie dem Kind ein großes Lätzchen um. Tischmanieren haben noch eine Weile Zeit!

Tipps für die Nahrungsumstellung

Wenn sich die Stillzeit nach 4 bis 6 Monaten dem Ende zuneigt, reagieren manche Babys mit großer Begeisterung auf das neue Nahrungsangebot, andere hingegen betrachten Löffel oder Fläschchen eher skeptisch bis ablehnend. Hier ein paar Tipps, wie Sie Ihrem Baby die Umstellung leichter machen:

• Ersetzen Sie zunächst die mittägliche Brustmahlzeit durch einen Brei: entweder Karotte, Birne oder Banane – je nach Gusto des Kindes.

• Warten Sie mit der Mahlzeit nicht, bis Ihr Baby regelrecht Heißhunger hat, denn mit knurrendem Magen wird es wenig experimentierfreudig sein und lieber auf die gewohnte Brustmahlzeit zurückgreifen wollen.

• Nehmen Sie zum Füttern einen flachen Plastiklöffel – viele Babys saugen den Brei zunächst.

• Verbinden Sie den Beginn der Mahlzeit mit einem kleinen Ritual, einem Lied oder einem Vers, damit Ihr Baby sich auf das, was nun kommt, einstimmen kann.

• Streichen Sie dem Baby zunächst etwas Brei auf die Lippen, so dass es selbst einen ersten „sinnlichen" Eindruck von dem unbekannten Geschmack erhält.

• Füttern Sie Ihr Baby in einer ruhigen Atmosphäre – kein Radio, selbstverständlich kein Fernseher. Essen Sie auch selbst ruhig einige Happen. Lachen Sie Ihr Kind aufmunternd an; machen Sie ihm den Brei mit Worten und Ihrer Mimik schmackhaft; loben Sie es, wenn es ein Löffelchen geschluckt hat.

• Achten Sie darauf, dass der Brei ungefähr die Temperatur der Brustmahlzeit hat.

• Ganz wichtig: Zwingen Sie Ihr Baby niemals zum Essen! Üben Sie sich lieber in Geduld, wenn es anfangs noch nicht so recht klappen will.

7. – 9. Monat

Sinnvolles Spielzeug im 3. Vierteljahr

Alles, was sich bewegt

Babys mögen im 3. Vierteljahr natürlich auch noch die liebgewonnenen Spielsachen der vorangegangenen, Monate – doch dank der eigenen, neu hinzugewonnenen Mobilität sind sie nun besonders an solchen Spielzeugen interessiert, die sie kullern und rollen, schieben und ziehen können. Spaß machen ihnen beispielsweise folgende Dinge:

- bunter Gummiball oder aufblasbarer Wasserball
- Tennisbälle
- Holzkugeln (groß genug, dass das Baby sie nicht vollständig in den Mund stecken kann)
- rundes Obst: Äpfel, Orangen, Walnüsse (Haselnüsse sind zu klein und könnten verschluckt werden!)
- Wollknäuel
- Schneebesen
- Teigrolle
- Toilettenpapierrollen
- Auto zum Umherschieben
- Wackeltiere mit Schnur zum Nachziehen

Das steht jetzt außerdem besonders hoch im Kurs:

- erstes Bilderbuch mit großen, deutlich konturierten Bildern in klaren Farben
- verschiedene Becher zum Spielen in der Badewanne
- Korb mit vielen bunten Wäscheklammern

7. — 9. Monat

Das 4. Vierteljahr

Die Zeit des Spiels

„Das Spiel ist die Arbeit des Kindes." Dieser Ausspruch der italienischen Ärztin und Pädagogin Maria Montessori verdeutlicht, dass Kinder motivierte Lernende sind. Kinder wollen spielen – und durch ihr Spiel lernen. Im Spiel probiert das Kind seine erworbenen Fähigkeiten aus und gewinnt Zutrauen in seine körperlichen Möglichkeiten; auf dieser Grundlage entwickelt es individuelle Phantasie – Sie werden erstaunt sein, welche Kreativität Ihr Kind bald an den Tag legt! Kinder versenken sich mit verblüffendem Ernst und großer Konzentration in ihr Spiel.

Körperliche Entwicklung

Motorik und Feinmotorik

Bewegung. Die meisten Babys beherrschen gegen Ende des 10. Monats den Vierfüßlerstand und wippen durch die Gewichtsverlagerung von den Armen auf die Beine und umgekehrt auf der Stelle vor und zurück – bald kann das Kind krabbeln. Kurze Zeit später bewegt sich das Kind auf Händen und Knien im Kreuzgang fort. Das Einjährige lässt sich nicht mehr durch Treppen oder andere Hindernisse abschrecken; munter erklimmt es Stufen und niedrige Möbelstücke. Beherrscht Ihr Kind

◆ *Von Laufställen und Babyhopsern: Ebenso wie man das Kind in seinem Forscher- und Bewegungsdrang nicht bremsen sollte, darf man es auch nicht mit überzogenen Erwartungen überfordern. Deshalb: Verzichten Sie möglichst auf den „altbewährten" Laufstall, der Ihrem unternehmungslustigen Kleinkind allzu enge Grenzen setzt, bzw. benutzen Sie ihn nur, um das Kind ganz kurzfristig vor*

Der Bärengang ist die Vorstufe zum Laufen: aus dieser Position richtet sich das Kind dann auf

erst einmal das Krabbeln, drückt es sich hoch in den so genannten Bärengang, eine Fortbewegungsvariante auf allen Vieren, doch mit gestreckten Beinen und Armen, wobei es den Boden nur noch mit den Füßen und den Handflächen berührt. Wenig später begibt es sich über die Hockhaltung in den freien Stand.

Im 11. Monat kann das Kind mit Unterstützung laufen, indem man es von hinten an den Händen nimmt; dabei setzt es ein Bein nach vorn und schiebt das Becken ebenfalls nach vorn; es macht die Erfahrung, dass die Beine sein Gewicht tragen, und belastet die Fußsohle voll.

Im 12. Monat geht das Kind schon an einer Hand und probiert möglicherweise bereits die ersten selbstständigen Schrittchen, bevor es wieder auf den Po plumpst. Braucht Ihr Kind für die ersten eigenen Schritte zwei, drei Monate länger, so ist das absolut kein Grund zur Besorgnis – nur gut die Hälfte aller Kinder können an ihrem 1. Geburtstag bereits selbstständig laufen; die anderen lernen es in den folgenden Wochen und Monaten. Aber Vorsicht: Lassen Sie Ihr Kind beim Laufenüben

Gefahren zu schützen – wenn Sie es beispielsweise für einige Minuten aus den Augen lassen müssen. Dass es keinesfalls in Frage kommt, das Kind in den Laufstall zu setzen, um „mal eben schnell" um die Ecke zum Bäcker zu flitzen, versteht sich von selbst …

Umgekehrt ist es ebensowenig förderlich, der Vorstellung anzuhängen, das Kind müsse partout zum 1. Geburtstag mit den ersten Schrittchen aufwarten. Die im Handel angebotenen „Lauftrainer" oder „Babyhopser", in denen das Kind sitzt und sich gleichzeitig mit den Füßen abstoßen und fortbewegen kann, sind überflüssig, wenn nicht sogar entwicklungshemmend – allein das Kind sollte den Zeitpunkt und das Tempo bestimmen, mit dem es laufen lernt.

◆ ***Im Notfall Erste Hilfe:** Ihr Kind ist nun schon überaus mobil, wieselflink und hat sich einen beachtlichen Aktionsradius „erarbeitet". Spätestens jetzt sollten Sie einen Erste-Hilfe-Kurs absolvieren, bei dem es in erster Linie um Unfälle rund ums Kind geht; oft werden in Kinderarzt-Praxen solche Kurse angeboten. Viele schlimme Unfallfolgen lassen sich vermeiden, wenn sofort geeignete Maßnah-*

10. – 12. Monat

nicht plötzlich los, um zu erreichen, dass es selbstständig steht oder gar allein weiterläuft – es wird sich sehr erschrecken, und möglicherweise ist sein Vertrauen in Sie erschüttert!

Sitzen. Das Kind kann sich im 10. Monat aus eigener Kraft von der Bauchlage in den Seitsitz bringen; dabei ruht der Po neben den Fersen, belastet wird das unter dem Rumpf befindliche Bein. Im 11. Monat ist die Entwicklung des Sitzens zum größten Teil abgeschlossen – das Baby kann nun mit gerade aufgerichtetem Rücken und leicht angewinkelten Beinen sitzen. In den folgenden Wochen perfektioniert es die Sitzhaltung: Es streckt nun die Beine aus und gerät selbst dann nicht aus dem Gleichgewicht, wenn es beim Sitzen die Beine anhebt. Auch wenn Ihr Kind diese Position nun mühelos beherrscht, werden Sie sie nicht allzu oft beobachten können, denn das Einjährige bleibt nur kurz auf einer Stelle sitzen – der Bewegungsdrang überwiegt bei weitem.

men ergriffen werden. In jedem Fall sollten Sie die Telefonnummern des Notrufs – vielleicht gibt es in Ihrer Stadt einen speziellen Kinder-Notruf – sowie der Giftnotrufzentrale per Aufkleber auf dem Telefon oder in der Nähe so parat halten, dass Sie die Nummern ohne langes Suchen auch in panischen Augenblicken zur Hand haben.

Gut beschuht

Am sinnvollsten unterstützt man den Prozess des Laufenlernens, indem man dem Kind feste Schuhe anzieht, sobald es im Freien läuft – in der Wohnung kann es allerdings barfuß laufen bzw. wärmende Anti-Rutsch-Socken tragen, denn den besten Boden-Halt hat es ohne Schuhe; außerdem kräftigt der direkte Bodenkontakt die Fußmuskeln. Gute Kinderschuhe zeichnen sich durch rutschfeste, flexible Sohlen und eine feste Fersenkappe aus; sie sollten gut passen, also nicht zu sehr „auf Zuwachs" gekauft werden, um dem Kind einen möglichst sicheren Halt zu bieten – hier ist die richtige Weite entscheidend.

10. – 12. Monat

Vom Loslassen und Trösten

In dem Maß, in dem Ihr Kind neugieriger, mobiler und unternehmungslustiger wird, steigt natürlich auch die Gefahr, dass es sich bei den „Erkundungstouren" Beulen und blaue Flecken holt. Wenn Sie Ihre Wohnung entsprechend sicher gemacht haben (siehe dazu Seite 78/79 – Sicherheit an erster Stelle), sollten Sie das Kind auch eigene Erfahrungen machen lassen. Natürlich werden Sie Ihr „kleines Baby", das ja nun bald ein Kleinkind ist, immer mit einem wachsamen Auge beglei-

ten, und das ist auch gut so, denn noch lange ist das Kleine auf Ihre Hilfe angewiesen. Doch andererseits entwickelt Ihr Kind einen natürlichen Drang nach Selbstständigkeit, der von überfürsorglichen Eltern nicht allzu sehr beschnitten werden darf. Es ist für das Kind überaus wichtig, eigene Erfahrungen zu machen, denn nur so kann es sich ein Bild von der Welt formen und eine eigene Persönlichkeit ausbilden.

Sicher ist der Weg zu einer selbstbewussten, eigenverantwortlichen Persönlichkeit lang und manchmal auch schmerzhaft, und in vielen Situationen bedarf das Kleine Ihres Trostes. Gott sei Dank gibt es für diese Gelegenheiten zahlreiche wunderbare Verse, die das Kind von seinem Kummer ablenken und die Tränchen schnell versiegen lassen.

- Heile, heile Segen,
- drei Tage Regen,
- drei Tage Sonnenschein –
- 's wird bald wieder besser sein;
- drei Tage Schnee,
- 's tut schon nicht mehr weh.

- Heile, heile Segen,
- drei Tage Regen,

- drei Tage Sonnenschein,
- 's wird bald wieder heile sein.

- Heile, heile Segen,
- drei Tage Regen,
- drei Tage Wind,
- heile, heile, liebes Kind.

- Aua,
- schreit der Bauer,
- die Äpfel sind zu sauer,
- die Birnen sind zu süß,
- morgen gibt's Gemüs'.

- Heile, heile Kätzchen,
- das Kätzchen hat vier Tätzchen,
- das Kätzchen hat 'nen langen Schwanz –
- gleich ist wieder alles ganz.

- Heile, heile Kätzchen,
- das Kätzchen hat vier Tätzchen,
- das Kätzchen hat 'nen roten Hut –
- gleich ist wieder alles gut.

- Kommt ein Mäuschen,
- kriecht ins Häuschen,
- kriecht ins Kämmerlein,
- frisst das Semmelein
- von der Amelie
  (Namen des Kindes einsetzen; das Kind bei der letzten Zeile unter dem Kinn kitzeln.)

10 – 12 Monat

Greifen. Zu Beginn des 4. Vierteljahres greift das Baby mit gestrecktem Daumen und gestrecktem Zeigefinger auch schon sehr kleine Gegenstände – etwa winzige Steine oder Brotkrumen. Diese Art des Greifens nennt man Pinzettengriff; er stellt den Anfang der überaus wichtigen Finger-Koordination dar.

Gegen Ende des 4. Vierteljahres wird der Pinzettengriff durch den

Die Wohnung muss sicher sein – bedornte Pflanzen unbedingt entfernen!

◆ *Geschicklichkeit fördern: Mit wachsender Fingerfertigkeit und Koordinationsgeschick findet Ihr Kind Freude an Steckspielen – vielleicht kann es schon einen Turm aus den ersten bunten Steckklötzen bauen. Interessant sind nun auch die „Baby-Steck-Puzzles", bei denen es darum geht, Umrisse zu erkennen: das Kind setzt die ausgesägten Figuren – das können Flugzeuge, Bauernhoftiere oder Obst sein – in die entsprechenden Vertiefungen.*

◆ *Keine Angst vor Matsch! Bieten Sie Ihrem Kind möglichst viele Tasterfahrungen – besonders lustvolle Erfahrungen wird Ihr Kind mit Erde und Sand machen. Ein kleiner Sandkasten lässt sich auch auf dem Balkon aufstellen; gefüllt wird er mit feinem, eigens gereinigtem Spielsand aus dem Baumarkt. Zum Spielen bieten Sie Ihrem Kind entweder Sandspielzeug oder aber ausgewaschene Joghurtbecher und ausrangierte Küchenutensilien wie Schneebesen, Kochlöffel, Plastikschälchen und -döschen in unterschiedlichen Größen, Farben und Formen an.*

Der lustvolle Gipfel des „Sandelns" ist erreicht, wenn Wasser mit ins Spiel kommt, denn mit

Immer sicherer geht das Kind mit Gegenständen des täglichen Lebens um

Zangengriff ersetzt, bei dem das Kind nun Daumen und Zeigefinger beugt. Das Kind angelt mit verblüffender Präzision Gegenstände aus einem Behälter und legt sie auch wieder zurück; es ist in der Lage, kleine Gegenstände durch eine enge Öffnung zu bugsieren.

Im 4. Vierteljahr ist das Kind in der Lage, beide Hände erstaunlich genau zu koordinieren und zwei Gegenstände, etwa Bauklötze, zueinander zu führen, so dass sie sich berühren, oder einen Gegenstand von einer Hand in die andere zu geben (Hand-Hand-Koordi-

Matsch lässt sich viel mehr anstellen als mit trockenem Sand: Kuchen backen, Klöße rollen, Burgen bauen, Tropfhäufen machen.

Falls sich der Sandkasten im Garten befindet, sollten Sie für eine möglichst lückenlose Abdeckung sorgen, denn auch die Katzen aus der Nachbarschaft werden dieses Terrain sehr anziehend finden.

Auch wenn Sie der Gedanke an Sand überall – von der Kopfhaut bis zu den Zehen, in Hosentaschen, Strümpfen und Ohren – zunächst abschreckt, sollten Sie daran denken, wie wichtig, lustvoll und förderlich das Spiel mit Sand für Ihr Kind ist!

10 – 12 Monat

103

nation). Mit etwa 12 Monaten kann das Kind zwei Gegenstände gleichzeitig in der Hand halten – eine beachtliche Leistung, die dem Kind viel Freude bereitet, da es dadurch sein Spiel beträchtlich erweitern kann.

Und noch etwas macht Ihrem Kind nun besonderen Spaß: das absichtliche Fallenlassen von Gegenständen, das sich zum bewussten Wegwerfen steigert. Auf diese Weise entdeckt das Kind die Schwerkraft und macht erste Erfahrungen mit Räumlichkeit; es manipuliert aktiv Gegenstände – und außerdem erfreut es sich an dem Krach, den der herabfallende Gegenstand verursacht. Darüber hinaus besitzt das „Herunterfall-Spiel" auch eine soziale Komponente, wenn die Eltern sich daran beteiligen und den Gegenstand aufheben und ihn erneut dem Kind anbieten – auch dieses Wechselspiel läuft unter dem Oberbegriff „Kommunikation".

◆ *Spaß an der frischen Luft: Bewegung unter freiem Himmel tut allen Kindern gut; sie genießen den unmittelbaren Kontakt mit Sonne und Wind, mit Schnee und Regen – mit der richtigen Kleidung kann man draußen bei jedem Wetter viel Spaß haben. Ihr Kind kann sich nun aus dem Stand heraus bücken und wieder aufrichten – plötzlich wird es diese neue Fähigkeit nutzen und allerlei Dinge aufheben und sammeln wollen: Steine, Blätter, Kastanien, Tannenzapfen, Rindenstücke, Schneckenhäuser. Nehmen Sie zum Spazierengehen einen kleinen Beutel mit, in dem Sie die interessanten Funde Ihres Kindes verstauen und mit nach Hause nehmen können. Gemeinsam mit dem Kind können Sie die Steine anmalen, aus den Kastanien Männchen basteln oder aus den Blättern Collagen anfertigen.*

Erlauben Sie Ihrem Kind, sinnliche Erfahrungen in und mit der Natur machen zu können – lassen Sie es beispielsweise einen Hügel im Park herunterkullern, sich auf dem Rasen wälzen, nach einem Regenguss durch die Pfützen stapfen, mit Sand und Wasser, Erde, Laub und Gras, Steinen und Stöcken spielen.

Geistige und emotionale Entwicklung

Bewusst am sozialen Leben teilnehmen

Das knapp Einjährige zeigt wachsendes Interesse an Menschen. Die wichtigsten Bezugspersonen sind natürlich nach wie vor die Eltern und Geschwister. Nun werden aber auch Verwandte, Freunde, Nachbarn neugierig beäugt – und mit einem Lächeln bedacht. Ihr Kind liebt Geselligkeit und möchte immer dabei sein. Mit Lauten und ersten Worten beteiligt es sich an Gesprächen und versucht, die Aufmerksamkeit anderer auf sich zu lenken.

Das Kind kann nun sehr genau die Reaktionen seiner Umgebung unterscheiden; es erkennt den Zusammenhang zwischen seinen Aktivitäten und der positiven Bestätigung, freut sich über das Lob und führt die entsprechende Aktivität erneut gezielt durch, um noch mehr Aufmerksamkeit zu erhalten. Umgekehrt äußert es eigene Wünsche und hat gelernt, sie durch geschicktes Taktieren durchzusetzen. Es wählt seine Sozialkontakte bewusst aus; es lernt zu differenzieren.

◆ *Das Kind seinem Spiel überlassen:* Geben Sie Ihrem Kind auch Gelegenheit, ungestört zu spielen und seiner Phantasie freien Lauf zu lassen – ein Kind braucht neben der Gesellschaft seiner Familie auch Zeit für sich allein. Falls Sie es beim Spiel beobachten, lassen Sie es dies nicht merken; es könnte seine Konzentration stören. Holen Sie das Kind nicht mit Fragen wie „Was spielst du denn da?" in die Realität zurück, sondern warten Sie ab, bis sich das Kind von selbst aus seiner Spielwelt löst.

Schon kleine Kinder versenken sich in ihr Spiel

10. – 12. Monat

105

Immer mehr verschwimmen die Grenzen zwischen körperlicher und sozialer Entwicklung, denn das Kind setzt seine körperlichen Fähigkeiten nun ganz bewusst zu sozialen Zwecken ein. So beobachtet es sehr genau die Gesten der Erwachsenen und imitiert sie schließlich – bestes Beispiel ist das „Winke-winke" zum Abschied, um mit anderen in Kontakt zu treten. Auch die Nahrungsaufnahme stellt in unserem Leben eine soziale Komponente dar – dies erkennt das Kind und möchte es den Erwachsenen gleichtun.

Es ist im Lauf des 4. Vierteljahres in der Lage, eigenständig an einem Keks zu knabbern und – anfangs noch mit geringer Unterstützung eines Erwachsenen – aus einer Tasse zu trinken. Im Hochstuhl genießt es die Mahlzeiten im Familienkreis. Ab und an klappt auch schon der erste eigene Essversuch mit dem Löffel.

Ganz genau kennt das Kind nun verschiedene Gegenstände in der Wohnung und gibt dies zu erkennen, wenn man es danach fragt. Auch die magischen vier Buchstaben – nein! – kommen nun bei Ihrem Kind an, und es unterbricht seine Tätigkeit, wenn es sie hört.

◆ *Spielzeug richtig aufbewahren:* *Sobald das Kind selbstständig sitzen und sich eine Zeit lang allein beschäftigen kann, stellen Sie ihm ein Stühlchen und eine niedrige „Arbeitsfläche" zur Verfügung, auf der es malen oder sich mit Lege- und anderen Spielen beschäftigen kann. Natürlich müssen auch die Spielsachen kindgerecht aufbewahrt werden – so nämlich, dass sie das Kind leicht finden, benutzen und hinterher auch selbst wieder wegräumen kann. Achten Sie auf eine gewisse Ordnung; ein wildes Durcheinander an verschiedenen Spielsachen kann sehr verwirrend sein und die Aufmerksamkeit des Kindes erlahmen lassen, insbesondere wenn sich Bestandteile verschiedener Spiele und Spielzeuge miteinander vermischen. Schaffen Sie zur Aufbewahrung der Spielsachen niedrige Regale, Kisten und Körbe an. Für kleine Dinge können Sie Stoffsäckchen nähen; größere Utensilien lassen sich in bunt beklebten (Schuh-) Kartons aufbewahren. Verwahren Sie die Spielzeuge – nach Art und Größe geordnet – lieber in mehreren kleinen Behältern als in einem großen, denn so behält Ihr Kind leichter die Übersicht. Außerdem können Sie schon jetzt Ihr Kind ermuntern, Ihnen beim allabend-*

Sinnvolles Spielzeug im 4. Vierteljahr

Öffnen und Schließen, Füllen und Leeren

Ihr Kind sitzt nun sicher und kann beide Hände zum Spielen einsetzen – die Voraussetzungen für komplizierte Aktivitäten sind erfüllt. Auch die Feinmotorik des Kindes ist nun schon erstaunlich gut ausgeprägt. Ideale Spielzeuge sind:

- Bunte Bauklötze; auch wenn Ihr Baby zunächst noch nicht in der Lage ist, mehr als zwei Bauklötzchen aufeinander zu stapeln, wird es viel Spaß daran finden, die von Ihnen gebauten Türme mit Gepolter zum Einsturz zu bringen
- Spielsets, bei denen Gegenstände mit bestimmten Formen durch die entsprechend geformte Öffnung geschoben werden müssen
- Kunststoffbecher oder Holzwürfel, die ineinander geschachtelt werden
- Verschiedene kleine Schachteln mit Deckeln zum Öffnen und Schließen oder auch zum Befüllen mit anderen Gegenständen
- Erste dicke Bunt- oder Wachsmalstifte zum Kritzeln – aber erwarten Sie bitte noch keine Kunstwerke!

- Für die Badewanne: Plastikbecher verschiedener Größen und Formen (Joghurtbecher o.Ä.) zum Füllen mit Wasser; Plastikbecher, in deren Boden Sie einige Löcher gebohrt haben, sodass das Wasser lustig herausplätschert; eine Wassermühle, deren Rad sich dreht, wenn man Wasser in den Trichter schüttet (in Kaufhäusern und im Spielzeughandel vorwiegend im Sommer erhältlich); bunte Plastikgießkanne.

Was außerdem Spaß macht
- Alles, was Lärm macht. Basteln Sie selbst einfache „Musikinstrumente", zum Beispiel eine Trommel (am besten geeignet und am strapazierfähigsten ist eine Rührschüssel aus Plastik oder Edelstahl bzw. ein Kochtopf, der nach Herzenslust mit einem Kochlöffel oder Schneebesen „bearbeitet" werden kann), eine Rassel (leeren Joghurtbecher mit Hülsenfrüchten füllen, Deckel aus Pergamentpapier zuschneiden und mit Klebeband befestigen) oder ein Glockenspiel (Perle auf ein Stück Schnur fädeln und mit Knoten befestigen; daneben im Abstand von

3 Zentimetern weitere Perle befestigen; das obere Ende der Schnur durch das Abzugsloch eines Blumentopfes fädeln und an einem Besenstiel befestigen; mit drei bis vier unterschiedlich großen Blumentöpfen ebenso verfahren; einen Besenstiel in niedriger Höhe zwischen zwei Möbelstücken sicher befestigen, sodass die umgedrehten Blumentöpfe wie Glocken herabbaumeln; zum Schlagen kann ein Stock verwendet werden, dessen Ende man mit einem breiten Einmachgummi umwickelt).

Wichtig: Schon jetzt können Sie Ihrem Kind vermitteln, dass nicht immer alles gekauft werden muss, sondern dass man lustiges Spielzeug durchaus auch selbst herstellen kann – und dass schon das Basteln viel Spaß macht!

10. – 12. Monat

Mamas Sonnenbrille – herrlich
zum Spielen

Gegen Ende des 4. Vierteljahres
ist das Kind in der Lage, einfache
Aufforderungen wie „Gib mir
das!" zu begreifen, auch wenn es
sie nicht immer ausführt ... Es
gibt ja schließlich so viele span-
nendere Dinge!

Die Welt der Emotionen

Gegen Ende des 1. Lebensjahres
haben Kinder bereits eine gute
„Antenne" für die Stimmungen
anderer. Sie merken, wenn Mama
oder Papa ärgerlich, gereizt oder

*lichen Aufräumen der Spielsachen
zu helfen – oft haben Kinder viel
Spaß am Sortieren von Dingen.
Das gemeinsame Wegräumen
kann so zum Ritual werden, das
den Spielnachmittag beendet und
auf das Abendessen vorbereitet.*

*Gehen Sie von Zeit zu Zeit die
Spielzeugkisten durch, und sortieren Sie unvollständiges, defektes
oder wenig benutztes Spielzeug
aus, damit sich nie eine zu große
Anzahl von Dingen ansammelt.
Lassen Sie Ihr Kind dabei ruhig
helfen; fragen Sie es, was es nicht
mehr braucht bzw. was es behal-*

traurig ist, zeigen Reaktionen auf die Stimmungen anderer. Keinesfalls sollten Sie versuchen, Ihre Gefühle vor Ihrem Kind zu verheimlichen, denn die Diskrepanz zwischen dem, was es „erfühlt", und dem, was Sie ihm „vorspielen", kann es in tiefe Verwirrung stürzen. Andererseits sollten Sie nicht allen negativen Gefühlen ungebremst freien Lauf lassen, sondern sich einen vielleicht bewussteren Umgang mit Stimmungen aneignen. Auch ist es für Ihr Kind wichtig zu erfahren, dass und wie Sie mit negativen Gefühlen klarkommen, wie Sie sie verarbeiten, um dem Kind nach einer Weile zu signalisieren, dass nun „alles wieder gut" ist. Allgemein lässt sich sagen: Je mehr, je differenzierter und je ehrlicher Sie auf die Gefühle Ihres Kindes eingehen, desto besser wird es später an den Gefühlen anderer Anteil nehmen, Mut und Trost spenden können. Auf diese Weise wird die Grundlage für Mitgefühl und soziale Kompetenz gelegt.

In dem Maße, in dem sich die Persönlichkeit des Kindes entwickelt, ist es auch in der Lage, seinen Bedürfnissen angemessen Ausdruck zu verleihen, ohne zu schreien wie bisher.

Sauberkeitserziehung...
...nur nichts übereilen!

Insbesondere in punkto Sauberkeitserziehung sollten die Eltern keine allzu ehrgeizigen Vorstellungen haben und sich vor allem nicht von Berichten wie „Mit einem Jahr warst du schon sauber" unter Druck setzen lassen. Auch wenn das Kind schon allein auf dem Töpfchen sitzen kann, sollten diese Sitzungen ausschließlich dazu dienen, es allmählich damit vertraut zu machen – Kontrolle über Darm und Blase hat ein Einjähriges noch lange nicht, und die ersten „Erfolge" sind lediglich „Zufallsprodukte". Keinesfalls vor dem 2. Geburtstag sollten Sie damit rechnen, dass das Kind „sauber" ist – und falls Ihr Kind noch länger braucht, um das Töpfchen zu akzeptieren, sollten Sie auch dann keinen Druck ausüben!

Baby Walz

10. – 12. Monat

Das Kind ist stolz, wenn es seinen Eindrücken Ausdruck verleihen kann

„Wau-wau", „ham-ham" und „ga-ga" – das erste sinnbezogene Wort

Erst wenn das Kind in der Lage ist, die Bedeutung eines Wortes zu verstehen, wird es dieses Wort auch aussprechen. Bis zu diesem Punkt allerdings experimentiert das Kind noch und ordnet einem Gegenstand möglicherweise verschiedene Laute zu, bis es sich für einen entscheidet, der allerdings auch ein Phantasiewort sein kann. Wichtig allein ist jedoch die eindeutige Zuordnung Laut-Gegenstand bzw. Laut-Tätigkeit. Ist das erste Wort ausgesprochen, folgt schnell eine Reihe weiterer, und

ten möchte. Üben Sie aber keinen Druck aus, sondern respektieren Sie den Wunsch Ihres Kindes, bestimmte Dinge zu behalten, die Ihnen vielleicht wert- oder nutzlos erscheinen.

◆ *Angemessene Informationen liefern: Auch wenn Ihr Kind noch keine Fragen formulieren kann, möchte es nun mehr und mehr über die Welt wissen. Und es gehört zu unserer Rolle als Eltern, den Kindern Zugang zur Welt zu verschaffen und ihre Fragen zu beantworten – angemessen zu beantworten. Sagen und erklären Sie dem Kind so viel, wie es wissen will – nicht mehr und nicht weniger. Reichen dem Kind die gebotenen Informationen nicht aus, wird es weiter fragen und sich die Antworten holen, die es im Augenblick braucht. Überfordert man es hingegen mit zu vielen und zu komplizierten Informationen und langwierigen Erklärungen, wird es schnell das Interesse an dem Thema und der Antwort verlieren. Wenn Sie sich die Zeit nehmen, Ihr Kind genau zu beobachten, während Sie ihm antworten, werden Sie selbst feststellen, was es wissen möchte, worauf seine Frage abzielt.*

bald schon kann eine regelrechte Unterhaltung zwischen Eltern und Kind stattfinden. Das Kind spielt mit der Lautmodulation – es probiert laut und leise und flüstert. Umgekehrt reagiert es erstaunlich differenziert auf unterschiedliche Laute – unangenehme werden mit Unbehagen, angenehme mit Vergnügen wahrgenommen. Aber nicht alle Kinder tragen gleich ihr volles Wortrepertoire nach außen. Es gibt Kinder, die sich – sehr zur Sorge ihrer Eltern – monatelang in Schweigen hüllen, um irgendwann, meist ganz unvermutet, einen wahren Redeschwall von sich zu geben und dann nicht selten gleich mit Zwei- oder Drei-Wort-Kombinationen aufzuwarten.

◆ *Ihr Kind entdeckt sich selbst – und zwar im wortwörtlichen Sinn: Ihr Baby ist nun in der Lage, sein eigenes Spiegelbild zu erkennen. Die erste Kontaktaufnahme mit dem „kleinen Wicht hinter der Scheibe" wird zunächst zwar noch von einer gehörigen Portion Ungläubigkeit begleitet (Ja, wer ist denn das? Bin das etwa ich?), doch dann reagiert Ihr Kind zunehmend interessiert und belustigt auf seinen „Doppelgänger". Für das Kind ist diese Begegnung mit sich selbst einer von vielen Bausteinen für das Entstehen eines Ich-Gefühls.*

Planschen macht Laune – aber nur in Gesellschaft!

Wie die meisten Kinder wird wahrscheinlich auch Ihres mit größtem Vergnügen im warmen Badewasser planschen, den Schaum auftürmen, das Wasser von einem Becher in den anderen schütten, nach Herzenslust spritzen und platschen. Lassen Sie Ihr Kind das Bad nach Herzenslust genießen – aber bitte niemals allein, auch nicht bei noch so niedriger Wasserhöhe! Selbst wenn das Kind mit einem knappen Jahr bereits allein sicher sitzt, reicht schon ein winziger „Ausrutscher", um das Kind aus dem Gleichgewicht geraten zu lassen – es verliert dann die Orientierung, und landet es mit dem Gesicht im Wasser, kann das genüssliche Vollbad fatale Folgen haben.

Welches Temperament hat Ihr Kind?

Nun haben Sie schon fast ein Jahr mit Ihrem Kind verbracht und es in dieser Zeit gut kennen gelernt. Sicher haben Sie bei ihm einige markante Eigenschaften und Wesensmerkmale entdeckt und können sein Temperament recht genau einschätzen. Die klassische Lehre von den Temperamenten stammt aus dem antiken Griechenland und unterscheidet vier Grundtypen: den Choleriker, den Sanguiniker, den Phlegmatiker und den Melancholiker. In ein und derselben Situation reagieren die verschiedenen Temperamentstypen unterschiedlich: Trifft das Kind etwa auf ein Hindernis, hat es unterschiedliche Möglichkeiten der Reaktion zur Auswahl: es kann sich abwenden und still resignieren, beherzt darüber hinwegsteigen oder einen alternativen Weg suchen – die Art und Weise, wie sich Ihr Kind in bestimmten Situationen verhält, hängt zumindest zu einem Teil mit seinem Temperament zusammen. Haben Sie erst einmal das Temperament Ihres Kindes herausgefunden, können Sie dieses Wissen im täglichen Zusammenleben nutzen.

Aber: Selten tritt ein Temperamentstyp in Reinform auf; meistens ist das Temperament eines Menschen eine Kombination aus zwei oder drei Typen, von denen einer vorherrscht. Um herauszufinden, welche Typen Ihr Kind verkörpert, kann es auch hilfreich sein zu beobachten, welches Temperament fehlt.

Etikettierungen vermeiden
Doch Vorsicht: Wenn Sie glauben, das vorherrschende Temperament Ihres Kindes herausgefunden zu haben, sollten Sie – wie auch in Bezug auf andere Eigenschaften und Charakterzüge – so genannte Etikettierungen vermeiden, die folgendermaßen lauten könnten: „Ich weiß schon, warum du dich so aufregst: Du bist eben ein kleiner Choleriker." Oder: „Immer schaust du so melancholisch drein." Diese und andere Etikettierungen („Du bist bequem", „unordentlich", „langsam" etc.) pressen das Kind in eine Rolle, aus der es oft nur noch schwer herausfindet: Es fühlt sich abgestempelt, auf diese eine Rolle festgelegt und wird den nahe liegendsten Weg wählen – nämlich sich entsprechend dem ihm auferlegten Klischee verhalten. Das gilt übrigens auch für „positive" Etikettierungen („Du bist

so klug", „hübsch", „tapfer" etc.): Das Kind hat möglicherweise den Eindruck, sich genau entsprechend diesem Muster verhalten zu müssen, um die Zuneigung der anderen zu gewinnen und zu behalten.

Die Chance, auch mal „anders" zu sein
Nutzen Sie diese Typisierung der Temperamente vielmehr, um in Ihrem Kind eben jene Seiten und jene Eigenschaften zu wecken und an den Tag zu bringen, die nicht auf den ersten Blick sichtbar sind.
Auf diese Weise bieten Sie ihm die Chance, verschiedene Verhaltensweisen auszuprobieren, in andere Rollen zu schlüpfen und herauszufinden, wie und was es sein möchte.

10. – 12. Monat

Der Choleriker

Mit dem Kopf durch die Wand

Der Choleriker ist sehr extrovertiert und selbstbewusst. Cholerische Charaktere stehen gerne in der ersten Reihe, übernehmen ganz selbstverständlich die Hauptrolle im Theaterstück, motivieren andere, organisieren Aktivitäten und gewinnen gern. Choleriker sind feurig, zupackend und nehmen gerne Aufgaben in Angriff; sie brausen schnell und heftig auf, wobei ihnen nicht selten die Zornesröte ins Gesicht steigt und ihre Augen blitzen, sind aber selten nachtragend. Der kleine Choleriker lernt gerne von Menschen, die durch besondere Fähigkeiten und Talente seine Aufmerksamkeit erwecken und zu denen er bewundernd aufschauen kann.

Tipps für den Umgang mit kleinen Cholerikern: Auf Konfrontationskurs zu gehen hat wenig Sinn. Versuchen Sie statt dessen lieber, das feurige Temperament in sinnvolle Bahnen zu lenken, indem Sie dem Kind Herausforderungen bieten – dann nämlich übernimmt es gern Verantwortung und bemüht sich nach Kräften, seiner Führungsrolle gerecht zu werden.

Der Sanguiniker

Hansdampf in allen Gassen

Auch der Sanguiniker ist ein extrovertierter Mensch, doch fehlt ihm die starke innere Antriebskraft und die ausgeprägte Zielstrebigkeit des Cholerikers. Sanguinische Kinder haben oftmals Schwierigkeiten, sich zu konzentrieren, und lassen sich leicht ablenken. So unbeschwert, wie ein Bienchen von einer Blüte zur anderen schwirrt, springt das Kind von einer Aktivität zur nächsten. Der Sanguiniker ist meist beliebt und verfügt über ein hohes Maß an sozialer Kompetenz; er fühlt sich in Gesellschaft wohl wie ein Fisch im Wasser und ist nicht gern allein. Für sanguinische Temperamente ist es wichtig, sich immer wieder der Zuneigung anderer zu versichern; ihre Leichtfüßigkeit kann allerdings schnell in gefährliche Leichtfertigkeit umschlagen.

Tipps für den Umgang mit kleinen Sanguinikern: Ihr Kind ist sprunghaft und oft unkonzentriert – ermuntern Sie es deshalb, sich auch einmal längere Zeit einer Aufgabe zu widmen und diese zu Ende zu führen, ohne natürlich das Kind zu überfordern.

Der Melancholiker

Empfindsamer Einzelgänger

Der Melancholiker ist leicht verletzlich, geht Geselligkeiten lieber aus dem Weg und spielt für sich allein. Melancholische Kinder verfügen über eine überaus reiche Fantasiewelt, in die sie sich oft stundenlang zurückziehen; schnell geraten sie so in die Isolation, gelten als Egozentriker. Die Abkapselung von der Welt wird durch ihre ausgeprägte Ich-Bezogenheit oft noch verstärkt. Ältere Kinder stellen oft erstaunlich tiefgründige Fragen. Melancholische Kinder sind sehr auf ihre eigenen Belange konzentriert und lassen sich nicht leicht ablenken; sie drängen sich in der Regel nicht in den Vordergrund, blühen jedoch in herzlicher, verständnisvoller Gesellschaft geradezu auf.

Tipps für den Umgang mit kleinen Melancholikern: Dem melancholischen Kind mit Mitleid zu begegnen ist sicher nicht der richtige Weg, um es von seiner „einsamen Insel" zu holen. Es auf das Leiden anderer hinzuweisen kann viel eher dazu führen, es aus der Reserve zu locken und seine Aufmerksamkeit auf andere zu lenken.

Der Phlegmatiker

Bequemlichkeit geht über alles

Der Phlegmatiker ist ein introvertierter, ein in sich gekehrter Mensch. Phlegmatische Kinder verhalten sich in der Regel unauffällig und wenig fordernd, so dass sie oft nicht die Aufmerksamkeit erhalten, die sie eigentlich bräuchten. Phlegmatische Temperamente sind eher bequem, nicht leicht reizbar, ordnungsliebend und führen einmal begonnene Aktivitäten in der Regel bis zum Ende durch; Phlegmatiker haben eine besondere Schwäche für Routineaufgaben und widersetzen sich deshalb oftmals neuen Anregungen. Die meisten Phlegmatiker sind dickköpfig und beharrlich. Haben sie jedoch einen Menschen ins Herz geschlossen, sind sie überaus treue, verlässliche Gefährten.

Tipps für den Umgang mit kleinen Phlegmatikern: Ermuntern Sie Ihr Kind immer wieder liebevoll zum Handeln, zum Ausprobieren neuer Dinge, zum Entdecken und Erforschen, zur Interaktion mit anderen Kindern. Sind sein Interesse und seine Neugier erst einmal geweckt, ergreift es möglicherweise auch selbst die Initiative.

10. – 12. Monat

Der Lauf eines Jahres

Ihr Kind steht nun kurz vor seinem 1. Geburtstag und hat bereits alle Jahreszeiten durchlaufen. Als Neugeborenes und Baby hat es den jahreszeitlichen Wechsel größtenteils ignoriert, doch im bevorstehenden Lebensjahr wird es ihn schon etwas bewusster erleben. Nachdem Ihr Kind in seinem 1. Lebensjahr einen Tag-Nacht-Rhythmus erworben und sich den sozialen Mustern und Tagesabläufen in der Familie angepasst hat, wird es nun allmählich die größeren Rhythmen der Jahreszeiten erfassen.

Der Wechsel der Jahreszeiten hat etwas überaus Beruhigendes, denn er kehrt immer wieder, ist unbeeinflussbar und unbestechlich und Teil der universellen Ordnung – das spüren bereits Kleinkinder. Der Jahreszyklus gibt Vertrauen und Sicherheit; aus ihm kann das Kind eine gesunde Grundlage für sein wachsendes Weltverständnis ziehen. Sie können als Eltern viel dazu beitragen, dass Ihr Kind diesen Rhythmus verinnerlicht, indem Sie die Jahreszeiten auf ganz selbstverständliche Weise fest in Ihren Familienalltag einbeziehen. Dabei wird Ihr Kind instinktiv spüren, dass es Teil dieses Ganzen ist, und es wird sich geborgen fühlen. Für das Kind stecken jahreszeitlich immer wiederkehrende Veränderungen und die damit verbundenen Rituale voller Zauber.

- Feiern Sie die Jahreszeiten; unternehmen Sie entsprechende Aktivitäten:
  Frühjahr bedeutet Frühjahrsputz, das Säen von Pflanzen, das Wegräumen der Winterkleidung – oder besuchen Sie mit Ihrem Kind doch mal einen Bauernhof und bestaunen Sie die jungen Tiere.

Im **Sommer** verlagern sich die Aktivitäten ins Freie – man fährt hinaus an den See, grillt, veranstaltet Picknicks.

Im **Herbst** bewundert man den bunt gefärbten Wald, bastelt Kastanienmännchen und kocht Marmelade ein.

Im **Winter** baut man Schneemänner, hängt das Vogelhäuschen auf dem Balkon auf und wartet – wenn der Winter fast schon wieder dem Ende zugeht – auf das erste Schneeglöckchen.

• Feiern Sie mit Ihrem Kind die jahreszeitlichen Feste, und bereiten Sie es entsprechend den alten Traditionen darauf vor:
Ostern: Ostereier bemalen, Osternestchen bauen.
Erntedank: Dekorieren des Hauses mit Früchten, Erntedankmahl mit Verwandten und Freunden veranstalten, Kartoffeln im Feuer rösten.
Weihnachten: Advents- und Weihnachtsschmuck auspacken, das Haus festlich dekorieren, Bratäpfel zubereiten.

• Verbinden Sie auch den Geburtstag Ihres Kindes mit der Jahreszeit – hier einige Anregungen.

Frühlingsgeburtstage: Verzieren Sie den Geburtstagskuchen mit kleinen bunten Zuckereiern, dekorieren Sie den Tisch mit Frühlingsblumen.

Sommergeburtstage: Veranstalten Sie ein Sommerpicknick oder dekorieren Sie den Geburtstagstisch mit Muscheln, bereiten Sie für die kleinen Gäste ein Planschbecken vor, setzen Sie eine „Kinder-Bowle" an.

Herbstgeburtstage: Sammeln Sie mit den Kindern buntes Laub, basteln Sie gemeinsam Kastanienmännchen oder eine Kürbislaterne.

Wintergeburtstage: Bauen Sie mit den Kindern einen Schneemann, servieren Sie Bratäpfel, basteln Sie Weihnachtssterne.

• Sorgen Sie dafür, dass Ihr Kind die unterschiedlichen Jahreszeiten auch mit besonderen geschmacklichen Erfahrungen verbindet: Kochen Sie jahreszeitlich; das hat außerdem den Vorteil, dass Sie Obst und Gemüse aus heimischem Anbau kaufen können, Erdbeeren und Spargel also nicht um den halben Erdball geflogen werden müssen, um auf Ihrem Tisch zu landen.

10 – 12 Monat

Adressen, die weiterhelfen

Bund Deutscher Hebammen e.V.
Steinhäuser Str. 22
76135 Karlsruhe
Tel. 07 21 / 9 81 89 - 0

Bund Deutscher
Laktationsberaterinnen
IBCLC e.V. (BDL)
Delpweg 14
30457 Hannover
Tel. und Fax 05 11 / 46 58 49

La Leche Liga Deutschland
Postfach 650096
81214 München
(vermittelt Kontakt zu
regionalen Gruppen)

Arbeitsgemeinschaft
Freier Stillgruppen (AfS)
Gertraudgasse 4 R
97070 Würzburg

Deutsche Gesellschaft
für Ernährung
Im Vogelsang 40
60488 Frankfurt / M.
Tel. 069 / 9 76 80 30

Forschungsinstitut
für Kinderernährung
Heinstück 11
44225 Dortmund
Tel. 02 31 / 71 40 21
Fax 02 31 / 71 15 81

Mütterzentrum
Bundesverband e.V.
Müggenkampstr. 30 A
20257 Hamburg
Tel. 0 40 / 40 17 06 06

Interessensgemeinschaft
Tagesmütter
Bundesverband für Eltern, Pflege-
eltern und Tagesmütter e.V.
Bödekerstr. 85
30161 Hannover
Tel. 05 11 / 62 33 02

Verband alleinstehender
Mütter und Väter e.V. (VAVM)
Von-Groote-Platz 20
53173 Bonn
Fax 02 28 / 35 83 50

Verein berufstätiger Mütter e.V.
Corneliusstr. 2
50678 Köln
Tel. 02 21 / 32 65 79

Arbeitsgemeinschaft
Allergiekrankes Kind e.V.
Hilfen für Kinder mit Asthma,
Ekzem oder Heuschnupfen (AAK)
Hauptstr. 29
35745 Herborn
Tel. 0 27 72 / 92 87 - 0

Deutscher Allergie-
und Asthmabund e.V.
Hindenburgstr. 110
41061 Mönchengladbach
Tel. 0 21 61 / 1 02 07

Aktionskomitee
Kind im Krankenhaus e.V.
Kirchstr. 34
61440 Oberursel
Tel. 0 61 72 / 30 36 00

Bundesarbeitsgemeinschaft
Hilfen für Behinderte e.V.
Kirchfeldstr. 149
40215 Düsseldorf
Tel 02 11 / 31 00 60

Bundesverband das
Frühgeborene Kind e.V.
c/o Eva Vonderlin
Von-der-Tann-Str. 7
69126 Heidelberg
Tel. 0 62 21 / 3 23 45

Förderverein für Früh-
und Risikogeborene e.V.
c/o Kinderoberarzt
Dr. Friedrich Porz
Kinderklinikum am
Zentralklinikum Augsburg
Stenglinstraße
86156 Augsburg
Tel. 08 21 / 40 01

Bewußte Geburt
und Elternschaft e.V.
Diezstr. 6
35390 Gießen
Tel. 06 41 / 3 80 69

Gesellschaft für
Geburtsvorbereitung (GfG)
Bundesverband e.V.
Dellestr. 5
40627 Düsseldorf
Tel. und Fax 02 11 / 25 26 07

Bundesverband
Neue Erziehung e.V.
Am Schützenhof 4
53119 Bonn
Tel. 02 28 / 66 40 55

Diese Bücher bieten Ihnen Ratgeber & Spielbuch in einem. Entdecken Sie jetzt die neue TRIAS-Reihe für sich und Ihr Kind:

Das Spielbuch in Band 1 zeigt Ihnen:

- Wie Sie Ihr Baby sanft und liebevoll fördern.
- Spiele, Reime, Lieder: Das macht auch Ihnen Spaß.
- Alles über das passende Spielzeug fürs erste Jahr.
- Massagen und wie Sie Ihr Baby sonst noch verwöhnen.
- Viele tolle Ideen für jeden Monat.

Band 1: 128 S., 40 farb Fotos
DM 24,90 / SFr 24,20 / ÖS 182,–
ISBN 3-89373-766-9

Greifen, krabbeln, ganz schön wachsen:
Wie Sie Ihr Baby liebevoll fördern
Ratgeber & Spielbuch ||| TRIAS

Fröhlich, stark und ganz schön clever:
So entdeckt Ihr Kleinkind die Welt
Ratgeber & Spielbuch ||| TRIAS

Das Spielbuch in Band 2 zeigt Ihnen:

- Wie Sie Ihr Kleinkind sanft und liebevoll fördern.
- Spiele, Reime, Lieder: Das macht auch Ihnen Spaß.
- Alles über kreative Spiele für drinnen und draußen.
- Praktisch: Mit den ersten einfühlsamen Erziehungstipps.
- Viele tolle Ideen für Kinder im Alter von 1 bis 2.

Band 2: 128 S., 40 farb. Fotos
DM 24,90 / SFr 24,20 / ÖS 182,-
ISBN 3-89373-772-3

Der Ratgeber in jedem Buch informiert Sie jeweils:

- So bleibt Ihr Kind gesund und munter.
- Alles über seine körperliche Entwicklung.
- Die wichtigen geistigen und emotionalen Fortschritte.
- Sicherheit für Sie: Worauf Sie achten sollten.
- Leicht erklärt und übersichtlich gegliedert.

Diese TRIAS-Reihe wächst mit. Entdecken Sie bald auch die besten Spiel-Ideen für die Kindergarten-Zeit und die richtige Förderung in der Grundschule.

Preisänderung und Irrtum vorbehalten.

||| TRIAS

Für mehr Gesundheit und Wohlbefinden

TRIAS Verlag
Postfach 30 11 07
70451 Stuttgart
Tel. 07 11 / 89 31-7 60
Fax 07 11 / 89 31-7 52

- Hier finden Sie das Beste bei über 80 Beschwerden und Kinderkrankheiten.
- Helfen Sie Ihrem Kind zuverlässig und ohne Nebenwirkungen mit bewährten Mitteln aus der Hausapotheke.
- So lernen Sie, natürliche Heilmittel Schritt für Schritt selbst zu machen.

292 S., 67 Fotos u. Abb.
DM 39,80 / SFr 38,30 / ÖS 291,–
ISBN 3-89373-423-6

Dr. med. H.-C. Berger · Katharina-M. Berger

Kranke Kinder ganzheitlich behandeln

Nutzen Sie alle Möglichkeiten der Naturheilkunde, Homöopathie, Schul- und Alternativmedizin

||| TRIAS

Barbara Zukunft-Huber

Die ungestörte Entwicklung Ihres Babys

→ Wie Sie die natürliche Bewegung unterstützen und Fehlhaltungen vermeiden

||| TRIAS

- Lernen Sie die gesunden Entwicklungs-Schritte Ihres Babys kennen.
- Praktisch: Fördern Sie Ihr Kind mit geeignetem Spielzeug.
- So erkennen Sie frühzeitig Alarmsignale.

206 S., 169 farb. Fotos
DM 39,80 / SFr 38,30 / ÖS 291,–
ISBN 3-89373-458-9

Dr. med. Ulrike Novotny

Kneipp für Kinder

Einfach und bewährt: Wie Sie mit Wickeln, Güssen und Co
- viele Krankheiten lindern
- Wehwehchen heilen
- und die Abwehrkräfte Ihres Kindes stärken

||| TRIAS

- So stärkt Kneippen die Abwehrkräfte Ihres Kindes und lindert viele Beschwerden
- Lernen Sie Schritt für Schritt wirkungsvolle Kneipp-Methoden und Kräuter-Zusätze selbst anzuwenden.
- Praktisch: Alle Behandlungs-Vorschläge im übersichtlichen "Man-nehme"-Stil mit einfachen Zutaten.

128 S., 55 farb. Fotos
DM 24,90 / SFr 24,20 /
ÖS 182,–
ISBN 3-89373-527-5

||| **TRIAS**

Für mehr Gesundheit und Wohlbefinden

TRIAS Verlag
Postfach 30 11 07
70451 Stuttgart
Tel. 07 11 / 89 31-7 60
Fax 07 11 / 89 31-7 52

Preisänderung und Irrtum vorbehalten.